“蒙古の怪人”
キラー・カーン
自伝

キラー・カーン／著

辰巳出版

まえがき　「ガーデン」で浴びたブーイングのシャワー

俺がプロレスラーを引退して、早くも30年が経とうとしている。しかし、目を閉じれば、ある光景がすぐに瞼の裏に蘇ってくる。いまだに何度も何度も同じ夢を見るのだ。

そこは2万人が収容可能な世界一有名なアリーナ、マディソン・スクエア・ガーデン。アメリカ最大の都市ニューヨークのマンハッタンにある格闘技の殿堂であり、世界中のミュージシャンが憧れるエンターテインメントの聖地だ。

マディソン・スクエア・ガーデンは、一般的に「MSG」と略される。今はどうか知らないが、俺が現役だった頃のレスラーたちは「ガーデン」と呼んでいた。

その日、俺はガーデンの中央に設置されたリングの上に立っていた。対角のコーナーにいるのは、〝大巨人〟アンドレ・ザ・ジャイアント。俺とアンドレは、ある事件をきっかけに抗争しており、今日もシングルマッチが組まれたのだ。

この時期、俺はニューヨークを拠点とするWWF（ワールド・レスリング・フェデレーション）で仕事をしていた。WWFは現在、WWEと名称を変え、世界を股にかけて活動しているが、当時はアメリカの東部をサーキットする団体だった。

WWFで働くことが決まって、俺はコネチカット州ニューヘイブンにマンションを借りた。そこから2時間ほど車を走らせると、「摩天楼」と呼ばれるニューヨークの高層ビル群が徐々に見えてくる。

市内に入ったら、いつも使っているホテルの駐車場に車を置き、そこからはタクシーで地下鉄のペンシルベニア駅を目指す。目的地のガーデンは、この駅の上に建っている。

俺はWWFで、ヒール（悪玉）のレスラーとしてファイトしていた。だから、ガーデンの駐車場に車を置いておくと、悪質なプロレスファンにタイヤをパンクさせられたり、車体に傷をつけられたりする危険性があるのだ。実際に、レスラー仲間の多くから車にイタズラをされたという話を聞かされた。

ガーデンの中に入り、俺はドレッシングルームに向かう。ドアを開けると、広い空間に見慣れた顔が見える。ここにいるのは、全員がヒールのレスラーたちだ。ヒールとベビーフェース（善玉）は、会場内に別々のドレッシングルームが用意されている。俺は「ハロー」と軽く挨拶し、部屋の隅で試合の準備を始めた。

それから数時間後、俺の試合順が回ってきた。集まった観客は、俺とアンドレの戦いを今や遅しと待ち構えている。場内を見渡すと、空席がまったくない。上の方まで、びっしりと人、人、人で埋まっている。

俺の名がコールされた途端、超満員の観客から一斉にブーイングが浴びせかけられた。ガーデンは天井が高く、内部の造りがU字状になっている。それにより、四方からだけでなく、上からもブーイングのシャワーが絶え間なく降り注いでくるのだ。

地鳴りのような罵声の塊が俺を襲う。俺に対する憎悪に満ちた感情がアリーナ全体に渦巻いているのがわかる。

このあらゆる方向から浴びるガーデンのブーイングは、俺にとって得も言われぬ快感だった。ブーイングを浴びれば浴びるほど、全身が快感に包まれる。これは一般人には、わからない感覚かもしれない。ヒールのレスラーは憎まれれば憎まれるほど、収入がアップしていく世にも稀な職業なのだ。

プロレスファンなら知っていると思うが、プロレスというものはヒールが試合を組み立て、対戦相手をリードしていく。ベビーフェースはいいカッコをしながら、ヒーローを演じていればいい。そのベビーフェースのカッコ良さを引き立て、観客を興奮させるのは俺たちヒールの役割だ。

俺はモンゴル生まれのヒールレスラー、キラー・カーンとしてリングに立っている。アンドレと戦いながら観客の感情をコントロールし、会場全体をヒートさせるのが今日の仕事だ。

さあ、ゴングが鳴った。場内の興奮度は早くも最高潮に達している。アンドレに声援を送っている観客を憎々しげに睨みつけると、再びブーイングの嵐が巻き起こり、凄まじい快感が俺を包みこんだ——。


今でも、こんな夢をよく見る。長いようで短かったレスラー人生だったが、あのような強烈な体験は後にも先にもない。

俺は今、ＪＲ新大久保駅から徒歩1分のところにある『居酒屋カンちゃん』の店主として毎日、店に出ている。２０１6年8月に新宿の歌舞伎町にあった店を閉め、翌月から現在の場所で営業を始めた。

店内には俺のレスラー時代の写真が飾ってあり、当時を知るプロレスファンが連日のようにお客さんとして訪れてくれる。

当然、そんなお客さんたちは、現役時代の話を聞きたがる。話し好きな俺は聞かれるがまま、気軽に思い出を語ってきた。だが、それらは俺が過ごしてきた人生の断片的な一瞬を切り取ったものでしかない。

冒頭でも書いたように、今年は俺がリングを降りて、ちょうど30年の節目にあたる。大相撲を辞めて日本プロレスに入門した俺は、不本意ながらも新日本プロレスに移籍することになり、その後はジャパンプロレスの立ち上げに参加した。その流れの中で、日本マット界の大きなトピックに当事者として身を置いてきた。

また、メキシコや北米の各テリトリーでは「モンゴル人レスラー」としてリングに上がり、数多くの経験を重ねた。引退の直前には、ＷＷＦで〝超人〟ハルク・ホーガンとも抗争した。つまり、俺はプロレスラーとして全米でトップを取ったと自負している。

今でも連絡を取り合っているプロレスラーは何人かいる。だが、俺は引退してから基本的にプロレス界とは一線を引いてきた。これまで本を出さないかというオファーはいくつもあったが、それもすべて断ってきた。

しかし、歳を取ったせいか、店でお客さんに語っていたレスラー時代の話をまとめておこう、本当の自分の気持ちをプロレスファンの方々に伝えておこう、という想いが心の中で芽生えるようになった。もちろん、その中には今まで一度も語ったことのない話もあれば、いまだに許せない出来事もある。

70年も生きていると、時間の経過と共に記憶が薄れてしまった部分もあるが、この本には「俺の正直な気持ち」、「俺から見た真実」を偽りなしに記していくつもりだ。

“蒙古の怪人”キラー・カーン自伝　目次

”蒙古の怪人“キラー・カーン自伝

第1章　雪の日の朝、そこにはお袋の足跡が残っていた

俺は１９４７年（昭和22年）３月６日に、新潟県の西蒲原郡吉田町（にしかんばらぐん・よしだまち）で生まれた。吉田町という町名は２００６年に燕市と合併したことで、現在は消滅している。吉田町は新潟市、長岡市、そしてジャイアント馬場さんが生まれた三条市にも近く、越後線と弥彦線が交わる交通の要衝にある。新潟駅から列車に乗って約1時間の吉田駅が町の中心だ。

元々は吉田村で、24年（大正13年）に吉田町となった。冬は雪に閉ざされる豪雪地帯である。俺はこの町の農家に生まれ、大きくなってからは駅近くの薬屋で育った。

俺が生まれた時、日本は終戦から1年7ヵ月しか経っていなかった。国全体が戦後の混乱から抜け出せないでいた時代だ。ＧＨＱの指導により様々な改革が進行中で、俺が生まれて2ヵ月後に日本国憲法が施行されている。両親にとっても、祖父母にとっても、子供を育てるのは大変なことだったはずだ。

俺の本名は小沢正志。戸籍上の表記は「小澤」だが、面倒なので普段は「小沢」で通している。名前の由来は、やはり正しい志を持った人間に育って欲しいということだろう。

父の名は恭平（きょうへい）、母の名は睦子（むつこ）。実は両親とも、元々は小沢家の人間ではない。

お袋の元の姓は石田だった。親父の方はわからない。2人は結婚した時に、小沢家の籍に入った。昔は、後継者のいない家が養子や養女を迎え入れるということが頻繁に行われていた。要は小沢家に子供がいなかったため、俺の親父とお袋が跡継ぎとして夫婦で養子に入ったというわけだ。

小沢家の稼業は農業だった。少しばかりの田んぼと畑を所有し、きゅうり、ナス、キャベツ、スイカなどを作っていた。

俺は男ばかりの3人兄弟の中で、次男になる。上に44年生まれの勝（まさる）、下に49年生まれの正男（まさお）がいて、いずれも健在だ。

俺には親父の記憶がない。兄貴はかろうじて憶えているようだが、俺が物心がつく前に親父は家を出て行ってしまったのだ。

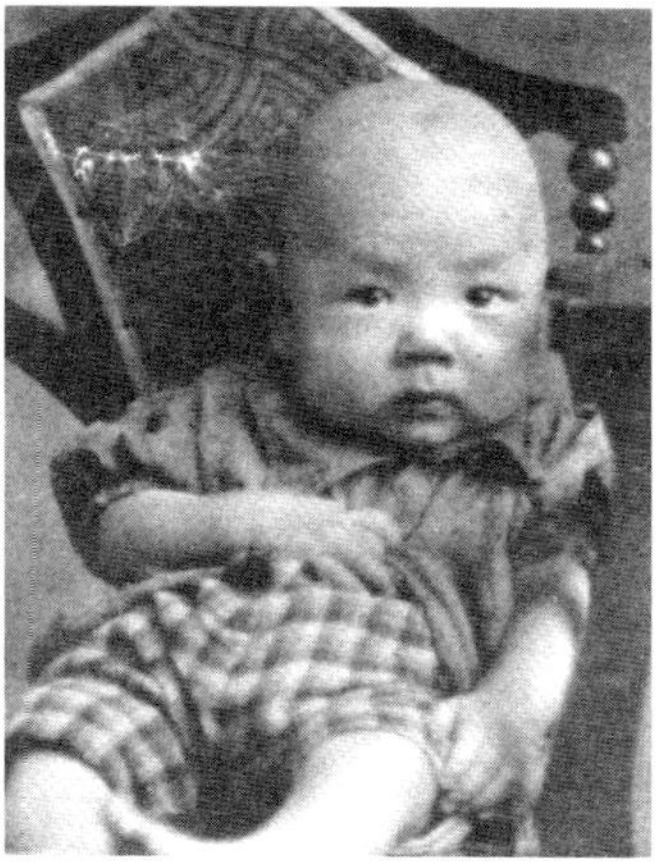

実家の近所にある写真屋で撮影された生後3～4ヵ月頃のポートレート。現存している最も古い俺の写真がこれだ。

親父は小沢家の老夫婦、つまり俺の祖父母とまったくソリが合わず、毎日喧嘩が絶えなかったようだ。ある日、親父はお袋に「3ヵ月以内に必ず迎えに来るから」と言い残し、逃げるように家を出て行ったという。その後、親父が家に帰って来ることはなかった。

弟がまだお袋のお腹に入っている時だから、48年頃のことだろう。俺は、まだ1歳か2歳だ。何年か前にたまたま親父の写真を見る機会があったが、「ああ、これが…」と思っただけで特に感慨はなかった。

親父がいなくなった後、血の繋がらない祖父母、お袋、俺たち兄弟が小沢家の家族ということになった。子供の頃、俺たち兄弟はお袋のことを「あーちゃん」と呼んでいた。

祖父母のうち、祖母は俺が小さい頃に亡くなってしまった。すると、妻に先立たれた祖父は寂しさのあまりなのか、やたらとお袋に当たり始めた。少なくとも俺たち兄弟には、お袋をイジメているようにしか見えなかった。

ある日、お袋に対する叱責の激しさが度を超えていると感じた俺と兄貴が「あーちゃんをイジメるな!」と祖父の足にしがみついたことがある。それから、祖父のお袋に対する態度は徐々に変わっていった。

当時、小沢家がやっていた農業はそれほど規模の大きいものではなく、自分たちが食べていくだけで精一杯だった。小沢家を支える働き手として期待されていた親父が突然いなくなったものだから、その分の負担はすべてお袋にかかってくる。

吉田町には、『山城屋』という大きな薬屋があった。お袋はそこで従業員として働き始めたが、薬局で働いてもらえる給料など、たかが知れている。育ち盛りの3人兄弟を育てるには、どう考えても不十分だった。そこでもっと金になる仕事を求めて、お袋は「便利屋」を始めた。

便利屋といっても、金をもらえば何でもやるわけではない。お袋がやっていたのは、町内を歩き回って注文を取り、長岡市にある問屋で品物を集め、現金と交換に依頼者に商品を渡すという無店舗の流通業のような仕事だ。

俺が小学校5年生で兄貴が中学1年生ぐらいの時、学校の授業が終わると、すぐに俺たちは吉田駅まで歩いて行き、出口でお袋を待っていた。お袋は朝早くから列車に乗って長岡市まで移動し、客からの注文品を集めて、ちょうど俺たちの授業が終わる頃に帰って来るのだ。

俺と兄貴が階段の下で待っていると、お袋が大きな荷物を背中に担いで一歩一歩階段を降りて来る。お袋の姿が見えると、嬉しくて「あーちゃん、来たあ!」と思わず大声が出た。俺たちに気付いたお袋は大きな荷物を降ろし、小遣いをくれる。その金で俺と兄貴は駄菓子を買ったりした。

さらにお袋は荷物の中の商品をいくつか俺と兄貴に渡し、「これを○○さんのところに持って行って」と用事を言いつける。俺たちは喜んで品物を手分けして依頼者のところに届け、10円なり20円なりの料金を受け取った。

しかし、言うまでもなく、お袋は女だ。便利屋のような仕事を一人でやるには、やはり限界がある。それに仕事のキツさに見合うだけの報酬も入らない。そこでお袋は自分で薬屋を開くために、薬剤師の資格を取ることを決めた。

昼間は荷物を担いで便利屋として働き、夜になったら薬剤師の勉強に精を出す。俺が何時に起きても、お袋は一生懸命勉強していた。

「あーちゃん、まだ起きてる…」

今考えても、お袋がいつ寝ていたのか不思議だ。こうした生活は、お袋が薬剤師の免許を取るまで続いた。

今でも鮮明に憶えている思い出がある。ある冬の朝、目を覚ますと、雪が降っていた。俺が学校に出かける前、お袋はその日も便利屋の仕事をこなすために吉田駅へと向かっていた。雪の上に、お袋の足跡が残っている。そこに自分の足を重ねて、辿って歩いた。この足跡の先に、あーちゃんがいる――。

しかし、学校は逆の方向だから、途中で「あっ、こんなことをしてたら授業に遅れる！」と気付き、慌てて引き返した。

最終的に、お袋は薬剤師の試験に合格する。当時、専門の学校を出たわけでもない女性が薬剤師の試験に合格するなど、とても考えられないことだったらしい。それだけお袋が努力したということだ。

お袋は、まず長屋の一角で薬屋を始めたが、折良く町内に貸し店舗の出物が出たので、そこを借りて本格的に開業する。屋号は『小澤薬屋（おざわくすりや）』。それからは授業が終わったら、必ずお袋の店に立ち寄るのが俺の日課となった。

その後、たまたま3軒隣に売家が出た。そこで小沢家は所有していた田畑を売り、その物件を自宅兼店舗にすることにした。

ここが現在に至る小沢家の「実家」であり、今も兄貴が住んでいる。後に兄貴も薬剤師の資格を取り、『小澤薬屋』を継いだのだが、5年前にお袋が亡くなった後、残念ながら廃業してしまった。

話を戻そう。親父が失踪したという現実を受け止めれば、実質的に俺たち兄弟は「片親」ということになる。だからといって、お袋は俺たちには絶対に不自由な思いをさせたくないという強い気持ちを持っていたようだ。

小沢家は田んぼを持っていたから、小さい頃は米に不自由せず、俺たちは腹一杯の飯が食えた。しかし、田んぼを売り払った後も、お袋はいつも腹一杯の飯を食わせてくれた。午後の３時になると、おにぎりに味噌をつけたものをおやつ代わりに食べたりしていたから、俺は子供の頃にひもじい思いはしたことがない。

例えば、カレーライスを作るとする。大きな鍋で作ったカレーのほとんどは、俺たち兄弟がペロッと食べてしまう。今思えば、お袋はほとんど食べていなかったのではないだろうか。

豆腐を一丁買ってきた時も同じだ。お袋は、その豆腐を四等分する。祖父と俺たち兄弟３人でその豆腐を分ければ、お袋の取り分はなくなってしまう。実際、お袋の前には豆腐がなかった。不思議に思った俺が「あーちゃん、何で豆腐を食べないんだ?」と尋ねたら、お袋は「おら、豆腐は嫌いなんだ」と言っていた。

今なら、あれは嘘だとわかる。育ちざかりの俺たちに豆腐を少しでも食べさせてあげようと、お袋はとっさに取り繕ったのだろう。

この頃は、俺たち兄弟が川で獲ってきたドジョウやシジミもよく食べた。自宅の裏に流れていた川へ行き、凧の糸に針を付けてドジョウを捕まえるのだ。それをお袋に揚げてもらい、もし余ったら町のドジョウ屋に持っていく。これがちょっとした小遣い稼ぎになった。シジミも同様だ。

このように食べ物に関しては不自由なことは何もなかったが、それでも他の家の子供たちがやっているような贅沢はできなかった。

俺は子供の頃、ツリーを飾ったり、プレゼントをもらったりするクリスマスというものに憧れていた。だから、お袋に頼んだことがある。

「あーちゃん、よその家みたいにウチでもクリスマスのお祝いをやってくれよ」

だが、お袋は、「ああ、クリスマスはやってやる。その代わり、正月は何もないぞ」と返してきた。クリスマスの日に祝い事をやったら、お節料理は用意できない。それが小沢家の現実だった。

当時、お袋は継ぎ足しの服ばかり着ていた。薬屋の仕事のかたわら、お袋は編み物なども器用にこなし、人に頼まれてセーターを作っていた。それもまた小沢家の収入源のひとつとなる。

お袋は余った毛糸を集めて、自分用のセーターも作っていた。だから、着ていたセーターはいろいろな色の毛糸が混ざっていて、とても綺麗だった。俺は「あーちゃんは、いつも洒落たセーターを着てるなあ」と呑気に考えていたが、今にして思えば、「余り物」の寄せ集めだったのだ。しかし、余った毛糸でも工夫をすれば、美しいセーターが編み上がる。このことは生きていく上で重要な何かを俺に教えてくれたような気がする。

お袋は俺たち兄弟に対して、常にこう言っていた。

「人には絶対に迷惑をかけるな」

「人に嘘をつくな」

「人を信用しろ」

「人をイジメてはいけない」

これらに関しては、しつこいぐらいに厳しく言われ続けたので、今でも俺の生き方の指針となっている。

そんなお袋に、再婚話が持ち上がったこともある。祖父が持ち込んできた話だったが、お袋は自分が再婚したら俺たち兄弟が新しい父親にイジメられるのではないかと考え、どうしても再婚には踏み切れなかったようだ。

お袋の身体は、大きかった。19年（大正8年）生まれだが、身長が１６８センチはあったから、当時の女性としてはかなり背が高い。兄貴はそれほどでもないのだが、俺と弟が大きな身体に生まれたのは、おそらくお袋の遺伝だろう。

自分で言うのもおかしいが、俺自身は優しい人間に育ったと思っている。身体が大きいのに性格は優しいから、気の弱い人間だと勘違いされて、子供の頃はイジメられることもあった。もちろん、イジメと言っても今のような陰湿なものではない。そういう時には、祖父が飛んできて相手を追っ払ってくれたりした。

俺は幼稚園の頃から、他の園児とは身長が頭一つほど違っていた。小学校に入学してからも、整列した時はいつも最後尾だった。学生時代に、後ろから2番目になったことは一度もない。クラスというよりも、学年全体で一番背が高いのは常に俺だった。

小さい頃は、遊びでよく相撲を取った。雪が降ると、それを固めて本格的な土俵を作る。俺は、たいていの相手には簡単に勝てた。

小学校時代、同級生では相手にならないので、上級生にも当てられた。しかし、その上級生にも勝ってしまう。とうとう相手は中学生になったが、それでも勝った。

周りからは、「小沢は相撲が強いなあ」とよく言われた。勝つことの嬉しさ、賞賛されることの誇らしさは癖になってしまいそうだった。

なぜ相撲が強かったのかというと、やはり身体が大きかったことが第一の理由だろう。さらに「上級生にも負けたくない」という気持ちも強かった。俺は昔も今も闘争心を剥き出しにするようなタイプではないが、意外と負けず嫌いだったのかもしれない。

その頃はまだテレビが普及しておらず、ほとんどの情報はラジオから得ていた。兄貴は、いつもラジオから聞こえてくる野球中継を夢中になって聞いていた。

だが、俺は野球にはまったく興味が持てなかった。自分が強かったというのも理由のひとつだが、俺は野球よりも相撲の方が面白かった。当時の大相撲は栃若時代で、栃錦と若乃花（初代）の対決が日本中を沸かせていた。

お袋は、栃錦の大ファンだった。その影響もあって、俺も栃錦のファンになった。この栃錦が春日野親方となり、その部屋に俺が入門することになるのだが、小さい頃から漠然と「相撲取りになりたい」という気持ちは持っていた。

もうひとつ、その頃にラジオから流れてくるもので俺の心を掴んだのが流行歌だ。三橋美智也さ

左から小学校低学年の俺、弟の正男、お袋の睦子、兄貴の勝。お袋は俺の誕生日の前日、2012年3月5日に亡くなった。

んや春日八郎さんの歌がラジオから流れてくると、一生懸命に聴いた。

何回も聴いているうちに歌詞をすべて覚えてしまい、近所の人たちの前で披露した。大人たちは「正志は歌が上手いねえ」と褒めてくれたが、当時は歌手になるという大それた夢は持っていなかった。

歌以外で得意だったのは料理だ。だから、相撲取りになりたいという気持ちとは別に、調理師になりたいという願望も持っていた。俺はとにかく料理をするのが好きで、３人兄弟の中では、お袋の台所仕事を一番手伝った。

料理に関しては、別にお袋に習ったわけではなく、見様見真似でやっているうちに自然と腕は上がった。また、料理の本を読むのも好きだったから、レパートリーも徐々に増えていった。

後に相撲でもプロレスでも、ちゃんこ番を担当した際にこの料理の腕は役に立ったし、引退後に飲食店を開くことにも繋がっていく。新日本プロレスの道場では俺がちゃんこ番をやるとみんな喜んでくれ、山本小鉄さんは「小沢の作る料理が一番美味い」と言ってくれた。

子供の頃も同じで、料理を作るたびに「正志は上手だなあ」と褒められた時の嬉しさは今でも憶えている。日本プロレスの頃も新日本プロレスの頃も、オフで他のレスラーが遊んでいる時に、俺は一人で料理の本を読んでいたほどだ。

俺は相撲取りにもなれたし、歌手デビューもできたし、現在は料理に関わる仕事をしている。プロレスと出会う前に憧れていた職業をすべて経験できた俺は、自分で思っている以上に幸せ者なのかもしれない。

第2章　春日野部屋の大広間で観た力道山 vs ザ・デストロイヤー

小学校卒業後、俺は地元の吉田中学に入学した。中学では部活を選ばなければならない。当然、相撲をやりたかったのだが、吉田中には相撲部がなかった。

俺は背が高かったこともあり、上級生に誘われてバスケットボール部に入った。吉田中のバスケ部は新潟県内で強豪として知られており、俺はセンターのポジションを任された。

あれは2年生の時だ。ある日、バスケ部の練習をしていたら、学校に兄貴から電話がかかってきた。呼び出しを受けたので、俺は急いで職員室に向かい、受話器を受け取った。

「正志、大事な用事があるから帰って来い」

「えっ、用事って何？」

「いいから、早く！」

兄貴は受話器の向こうから、有無を言わさぬ口調で告げてきた。バスケ部の顧問の先生も「小沢くん、家で何かあったみたいだから早く帰りない」と言ってくれたので、俺は練習を途中で切り上げ、慌てて学校を飛び出した。しかし、兄貴は何も事情を説明してくれなかったから、帰らなければいけない理由がさっぱりわからない。

「もしかしたら、家族に何かあったのか…」

俺は逸る気持ちを抑えながら、いつもより早足で自宅に戻った。玄関の扉を開けて急いで中に駆け込んだ途端、息を飲みそうになった。いつも家族が過ごしている居間に、見慣れないものが置かれていたのだ。

テレビだ。

その瞬間の感激は、今でも忘れることはできない。

日本でテレビ放送がスタートしたのは、53年のことである。俺がまだ6歳の頃だ。サラリーマンの月給が3万円と言われた時代に、一台30万円前後だったテレビ受像機は庶民にとって高嶺の花だった。

それが徐々に価格が下がり、何とか庶民も手が届くようになった。59年の皇太子ご成婚ブームもあって、テレビはあっという間に日本中に普及した。俺が中学2年生の頃といえば、60年ということになるが、ようやく小沢家にもテレビがやって来たのだ。

俺はこのテレビの画面を通じて、プロレスに出会った。四角いリングの上で繰り広げられる力道山の試合を観て、その迫力に圧倒された。ラジオでしか聴けなかった相撲を映像で観られるようになったのも嬉しかったが、プロレスはテレビで観ているうちに徐々に好きになっていった。

しかし、プロレスにはフレッド・ブラッシーが相手に噛みついたりするような流血シーンがある。後にヒールレスラーになる俺だが、当時は恐怖を感じたし、どうも流血だけは好きになれなかった。

中学を卒業した俺は地元の白山高校に入学したが、ここも相撲部がなかったから、バスケを続けることにした。

だが、高校に通ったのは、結局10ヵ月ほどだった。元々、勉強がそれほど好きではなかったから、俺は自分の身体を活かせる仕事に就きたいと考えていた。また、経済的に少しでもお袋に楽をさせてやりたいという気持ちも強かった。子供の頃から大きかった俺の場合、身体を活かせる仕事といえば、大相撲ということになる。

相撲取りになりたいと本気で考え始めたのは、ちょうど大鵬関の人気が爆発寸前で、大関、横綱と出世の階段を徐々に上がって行った頃だ。

きっかけは一枚の写真である。新聞か雑誌にライバル関係にあった大鵬関と柏戸関の特集記事が組まれていて、その中に大鵬関が入門して間もない時期の写真があった。

新弟子時代の大鵬関は身体が細く、手足が長くてヒョロヒョロの体格だった。それがちょうど当時の俺自身の身体とよく似ていたのだ。

「俺も相撲の世界に入って鍛えたら、あんな大きな身体になれるのか…」

極端に言えば、当時の俺は「骨」と「皮」だけだったが、いずれは今の大鵬関のような立派な体格になれるかもしれない。そんなことを考え始めたら、居ても立ってもいられなくなった。

とはいえ、俺は自分から相撲部屋に入門したわけではない。いわゆるスカウトされた形で入ることになった。その頃、家の近くに住んでいた春日野親方の後援会をしていた人が「地元に大きいのがいる。小沢という名前で、相撲が好きなんだ」と部屋の方に伝えてくれたのだ。

当時も今も、相撲部屋の後援会が有力な新弟子スカウトの情報網として機能することはよくある話だ。ちょうど相撲取りになりたいと考えていたタイミングで、俺は運良くその網に引っかかった。

しかも、お袋も俺自身もファンだった栃錦が親方の部屋である。迷う余地などあるはずがない。俺は即座に入門することを決めた。

当然、高校は退学することになるが、好きでもない勉強をこのまま続けていても仕方がない。お袋がせっかくこれだけ大きな身体に産んでくれたのだから、これを有効に使わない手はないだろう。俺の意思が固かったこともあり、お袋は「お前がやりたいのなら、やってみなさい」と反対しなかった。

話はトントン拍子に進み、63年2月に俺とお袋は上越線に乗り、２人で東京へと向かった。上野駅に着くと、部屋の先輩力士が迎えにきてくれた。俺とお袋は、タクシーで両国にある春日野部屋に向かった。

部屋の座敷でお袋と春日野親方が向き合っている光景は、今でも鮮明に憶えている。俺はお袋の横で正座しながら、黙って下を向いていた。

「息子をよろしくお願いします」

そう言いながら、お袋が親方に頭を下げたので、俺も同じように頭を下げた。これで春日野部屋への入門が正式に決まった。

俺は新潟に帰るお袋を見送らず、そのまま新弟子として部屋に泊まることになった。入門当初は「お客様」のような扱いを受けたが、それも1週間だけの話だ。その後は、厳しくて辛い新弟子生活が始まる。

よく言われるが、黒いものでも先輩が白と言えば、それは白。これが相撲の世界だ。少しでも歯向かったりすると、すぐさま拳や竹刀が飛んでくる。

入門してほどなく3月場所が始まり、俺は前相撲ながら初めて本場所の土俵を踏んだ。ここで二番出世して、続く5月場所で俺は西序ノ口24枚目という番付から本格的に力士生活を始めることになる。四股名は、本名そのままの「小沢（正志）」だった。

相撲に詳しくない読者もいるだろうから、この時代の春日野部屋について少し説明しておこう。俺が入門した頃、部屋には栃ノ海関、栃光関という2人の大関がいた。栃ノ海関は、翌年に横綱に昇進する。

その当時、春日野部屋は他にも幕内や十両の力士を多く抱えており、日本相撲協会からかなりの金額が助成されていたはずだ。春日野親方は気っ風がいい江戸っ子気質なので、助成金を自分で溜め込むようなことはせず、弟子たちに還元していた。

だから、俺たちは他の部屋よりも、遥かにいいちゃんこを食べさせてもらっていた。食事の時間に親方が近づいてきて俺の肩に手を置き、「小沢、額の固さと腹の固さが同じになるぐらい食べろよ」と言われたことを思い出す。

俺自身、共同生活は苦手ではない。また、先輩の力士を稽古で投げ飛ばしたからといって、天狗になったりするような人間でもない。実際に稽古では先輩を投げ飛ばしていたのだが、部屋の仲間とはうまくやっていたと思っている。きちんと部屋の掃除もしていたし、決められた規則はちゃんと守っていた。

そうしたこともあってか、俺は兄弟子たちにあまりイジメられることはなかった。もちろん、中には意地の悪い兄弟子もいたし、集中的にイジメられる新弟子もいた。俺は要領のいい方ではなかったが、稽古場では一生懸命だったのでイジメの対象にならなかったのだろう。だが、ここは相撲の世界である。当然、理不尽なイジメのようなものを受けることもあった。

その日、俺はちゃんこ番で、魚の処理をしていた。部屋には魚の頭や骨を砕くミキサーがあったのだが、ふと視線を移すと、その機械がなぜか止まっている。そこにたまたま怖い兄弟子が来て、いきなり怒られた。

「テメエ、何やってんだ！　大事なミキサーを壊しやがって！　ちょっと屋上に来い」

俺は言われるがまま付いて行くと、土俵を作る時に使う板でケツを思い切りぶん殴られた。ケツを押さえながら俺が下に降りたら、ミキサーは普通に動いている。不思議に思って電力会社に電話すると、部屋の近くで工事をやっていて、一瞬だけ停電したという。それを兄弟子に伝えると、「ああ、そうか」と何事もなかったかのように笑っていた。

「ああ、こういう社会なんだな…」

どう考えても殴られるほどのことではないのだが、これが相撲の世界の厳しさだ。このように、新弟子時代は毎日誰かに殴られていたという記憶がある。

新弟子の頃の日常は、こんな感じだ。朝４時に起床する。自分の布団を畳んでから、みんなで稽古場に行く。言うまでもなく、冬は物凄く寒かった。

しかし、稽古をガンガンやっているうちに身体が温まり、寒さは吹き飛んでしまう。稽古時間は、だいたい１時間半から２時間ほどだ。四股を踏み、テッポウや股割りをやり、腕立て伏せ、うさぎ蹴びもやらされた。

朝4時の稽古を指導するのは、先輩力士である「頭（かしら）」なのだが、驚いたのはどんなに早い時間から俺たちが稽古を始めても、春日野親方がそれをしっかり見ていてくれたことだ。

夜中になれば、親方は懐中電灯を片手に弟子たちが寝静まったかどうか部屋の中を見て回る。足で布団を蹴っているような弟子がいたら、そっとかけ直してあげるのだ。

親方は、弟子たちを「自分の息子」と思っていたのだろう。夜遅くまで起きているのに、次の日は朝早くから稽古場であぐらを組んで待っている。そこに俺たちが「おはようございます！」と入っていくわけだが、「親方は、いつ寝てるんだろう?」と不思議だった。

稽古が終わって朝の6時頃になると、部屋に戻り、畳んだ布団を一枚一枚重ねながら片付けて、掃除をする。それが終わると、再び稽古場に戻って番付上位の力士たちの稽古を見る。

稽古が終われば、自分が付いている関取を風呂に入れる。背中を流したりした後、今度はちゃんこの給仕をやり、その後は俺たちの風呂の時間だ。そして、最終的に自分の食事にありつける。

相撲部屋に、「朝食」というものはない。1日2食が原則だ。空きっ腹の状態で朝からガンガン稽古をして、身体が食べ物を欲しがったタイミングで一気にかき込む。俺たちの食事の時間は、だいたい午後1時過ぎだった。その後は夕方まで身体を休める。体重を増やすには、これが一番いい方法だ。

午後4時になると、新弟子は部屋全体の掃除をする。ちゃんこ番の担当になれば、ちゃんこを作る。それ以外の時間は、基本的に自由に使っていい。

自由時間に自主練をする人間もいたが、俺はもっぱらテレビを観ていた。相撲取りは、プロレス好きが多い。あの頃、夜に部屋の仲間たちと日本テレビのプロレス中継『三菱ダイヤモンド・アワー』を観たのは、いい思い出である。

今でも鮮明に憶えているのは、最高視聴率64・0％を記録したと言われる力道山vsザ・デストロイヤー戦だ（63年５月24日＝東京体育館、ＷＷＡ世界ヘビー級戦）。この時は部屋の大広間に置いてあったテレビを取り囲み、みんなで力道山を応援した。

デストロイヤーのタイトルに挑戦した力道山は足４の字固めを掛けられたが、最後はその体勢のままレフェリーが試合を止めてしまった。結局、両者レフェリーストップの痛み分けで力道山はベルトを獲れなかったが、大広間の盛り上がり方は凄まじかった。

もっともプロレスが好きだったとはいえ、テレビで観るだけで、当時は会場で観戦したことはない。時間的にも金銭的にも、そんな余裕はなかった。

春日野部屋には、「指パッチン」で有名なコメディアンのポール牧さんが住んでいたこともある。まだポールさんが関武志さんと『コント・ラッキー７』を結成する前のことで、親方が「この男はまだ売れていない芸人だけど、相撲が好きだから、しばらく置いてやる」と好意で居候させていたのだ。

ポールさんは、部屋で特に何かをしていたわけではない。昼間は相撲の稽古で疲れた俺たちをジョークで笑わせて、夜になると相撲取りの横で小さくなって寝る。この好対照な姿が面白かった。この時代に縁が生まれたポールさんとは、後々まで仲良くさせていただいた。

相撲取りにとって、楽しみなのが地方巡業だ。俺も相撲の世界には7年いたから、日本全国いろいろなところに足を運んだ。

当然、巡業で故郷の新潟県に行ったこともある。地方巡業では、地元出身の力士に花を持たせるという「暗黙の了解」があった。番付に関係なく、地元の力士に勝たせてあげるのだ。俺は新潟巡業では、当然のように勝たせてもらった。そのお返しに、誰かの地元に行った時は俺が負け役をやる。今もそうした慣習が残っているのかどうかは知らないが、それが当時は常識だった。

ただし、故郷へ行ったからといって、実家に帰って家族と再会を喜ぶような余裕はなかった。兄貴や友達が会場に応援に来てくれたのは嬉しかったが、横綱・栃ノ海関の付き人をしていた俺はそちらの仕事が忙しいから、お互いに顔を合わせて、「おう、久しぶりだな。元気か?」と言い合うぐらいである。ちなみに、お袋は一度も会場に来ることはなかった。

俺は相撲を辞める直前に栃東関の付き人もしたが、その頃は栃ノ海関に付いていた。横綱ともなると、10人ぐらいの人間が付く。俺は、その中の一人だった。

付き人にも「階級」があり、下の人間と上の人間ではやることが違う。下の人間は身体を触らせてもらえず、ただひたすら洗濯をするだけ。少し階級が上がると、風呂から上がった時の足拭きなどをやらされる。

そこから背中を流す係などに昇格して行き、一番上の付き人は横綱が綱を締める時に補助する係を担当することができる。横綱の財布を持たされたりするのも、やはり一番上の付き人だ。

横綱ともなれば、全国各地にタニマチがいる。そうなると、酒の席も増える。

岩手県に巡業に行った時には、栃ノ海関のファンだという土建屋の社長さんの家に泊まったことがある。日本酒をご馳走してくれたのだが、俺は出てくる酒という酒を飲んで飲んで飲みまくったものだから、社長さんは驚くと同時に焦っていた。

当時はコンビニも自動販売機もないから、夜中に酒を買う術はない。俺はその家にある酒をほとんど飲み干してしまったので、最後は水で薄めた酒が出てくるようになった。おそらく酔っているから気付かないと思ったのだろう。当時は未成年だったから本当は酒を飲んではいけないのだが、今となっては楽しい思い出だ。

当時の相撲界では、「日本酒を飲めば、身体が大きくなる」と信じられていた。だから、10代でも当たり前のように飲まされる。あの頃は「ビールなんか贅沢だ」と日本酒ばかり飲まされていたが、考えてみれば、どちらも贅沢品だ。

相撲の世界では、日本酒をコップではなく丼に注いで飲む。酔いが回って来ても、兄弟子たちは許してくれない。「小沢、飲め！」と、どんどん酒を丼に注いできて、嫌でも飲まされる。

仮に自分のペースで飲んでいても、兄弟子が近くにいたら同じことだ。手酌をして一升瓶を床に置こうとすると、その下にわざと指を置いてくる兄弟子もいた。そのまま一升瓶を置こうとしたら、さすがに指を引っ込めるだろうが、「テメエ、骨折させる気か！」と因縁をつけてくるのは目に見えている。殴られるのは嫌だから、いくら酔っていても、「ごっつぁんです！」と丼を飲み干すしかない。こういうことを繰り返しているうちに、徐々に酒は強くなっていった。

若手の頃は、協会から2ヵ月に1回、本場所が終わった後に「手当て」が出る。それに加えて、その場所の白星に応じて、いくらかの加算金が部屋からもらえるという仕組みになっていた。金額自体は微々たるものである。序ノ口や序二段で、だいたい2000〜3000円ぐらいだったと記憶している。それでも食事はタダでいくらでも食えるから、幕下になった時はそれなりに遊べる金はあったはずだ。

同期の出世頭は、「突貫小僧」の愛称で親しまれた高砂部屋の富士櫻だった。彼は後に中村親方として自分の部屋も持った。きっかけは忘れたが、彼とは仲良くなり、幕下の時には巡業で一緒に稽古もした。小兵力士だったが、本場所で彼と当たっても俺はまったく勝てなかった。

富士櫻との関係から、同じ高砂部屋の高見山が稽古で胸を貸してくれたこともある。ハワイ出身の巨漢力士として人気者になった高見山は本当に重く、俺が押そうが引こうがピクリとも動かなかった。

春日野部屋では、同期の栃勇と仲が良かった。彼は引退後に年寄・岩友を襲名し、数年前まで春日野部屋の部屋付き親方として後進の指導にあたっていた。今でも交流があり、たまに俺の店に遊びに来てくれる。

当時、俺は同期の彼らをライバルと考えたことはなかった。俺の考えでは序ノ口、序二段といったレベルの力士にライバルなどいない。その段階では自分自身がライバルなのだ。稽古を少しでもサボったりすれば、すぐに周りの人間に抜かれていくし、番付も上がらない。

とはいえ、食うことに関しては、みんながライバルだった。例えば、他の力士が丼5杯の飯を食ったら、「お前はもっと大きくならなきゃいけないんだから、6杯食え！」と親方に言われたものだ。丼に飯が残っていると、「ちゃんこの汁をぶっかけて、腹に詰め込むぐらい食べろ！」と相撲流の愛のムチが飛ぶ。俺はその言葉を守って毎日食べて食べて食べまくったが、性格的に神経質なところがあり、なかなか身体は大きくならなかった。

63年5月場所で序ノ口からスタートした俺は、9月場所で序二段に昇進した。ここで少し足踏みしたものの、65年の3月場所で三段目に昇進し、翌66年の11月場所では7戦全勝という成績を挙げた。

この11月場所は全勝力士がもう一人いたために優勝決定戦となったが、後に幕内まで行った三保ヶ関部屋の吉王山に負けてしまった。

毎場所、千秋楽には後援会の人たちが部屋に来て、彼らの前で本場所の星取り表が読み上げられる。あと少しで優勝を逃したことはとても悔しかったが、なにしろ全勝である。俺は後援会の人たちの喝采を浴び、この時ばかりは誇らしかった。

俺が得意としていたのは、「四つ相撲」だ。右四つで左をはずで（相手の脇や胸などに手を当てて）押し、土俵際に詰めて行く。吊り出しもよくやったが、正直言って俺の相撲に「強さ」も「重さ」もなかったと思う。

年が明けて、67年の1月場所は幕下に昇進した。成績は5勝2敗だったが、続く3月場所で負け越し、再び三段目に逆戻りしてしまった。

ここで親方は俺を奮起させるために、「小沢、改名してみないか？」と持ちかけてきた。新しい四股名は、『越錦（こしにしき）』である。

俺の出身地の新潟県が含まれていた「越国（こしのくに）」と、師匠の四股名「栃錦」を組み合わせた素晴らしい名前だ。これは俺を可愛がってくれていた吉田町出身の春日野部屋のスポンサーの方が考えてくれたもので、俺自身も気に入り、すぐに親方のところへ報告に行った。

「親方の錦の字をもらいます」

親方は快諾してくれ、67年7月場所から俺はこの新しい四股名で土俵に上がった。一部のプロレス雑誌やインターネットのサイトなどでは、この四股名に「えつにしき」と読み仮名を付けているようだが、それは間違いである。

ところで、俺は68年7月場所で三保ヶ関部屋の北の湖と対戦し、勝っている。これは相撲時代の自慢のひとつだ。

前年に13歳で初土俵を踏んだ北の湖は、後に長期にわたって横綱に君臨した。俺と対戦した時は同じ三段目だったものの、その強さは際立っており、まさか勝てるとは思わなかったが、たまたま運が良かったのだろう。なにしろ稽古場でも何度か当たったことがあるのだが、まったく歯が立たず、「器が違う！　これはとんでもない力士になるな」と感心したほどだ。俺はその頃から、この男は横綱になると確信していた。強い力士は何人も知っているが、その中でも北の湖は破格の存在だった。

同じ時代を過ごした力士の中には、後にプロレスラーになった人間も数多くいる。ラッシャー木村さん、柴田勝久さん、永源遙さん、寺西勇さん、大磯武さん、大剛鉄之助さん、大位山勝三さん、安達勝治（ミスター・ヒト）さん、轡田友継（サムソン・クツワダ）さん、天龍源一郎選手、桜田一男（ケンドー・ナガサキ）、木村健悟、ロッキー羽田、等々――。グレート小鹿さんは俺が入る前に角界を去っているので、入れ違いだった。

同じ出羽海一門の力士で、この頃によく稽古したのがミスター・ヒトこと安達さんだった。俺よりも3年先輩で、何度もぶつかり稽古で胸を借りた。この後、安達さんとは日本プロレスで一緒になり、新日本プロレス時代にはカナダのカルガリーで共同生活を送ることになる。安達さんは俺より背は低かったが、それでも１８３センチはあり、力が非常に強かった。浪速海という四股名で、最高で幕下17枚目まで番付を上げている。

俺自身は相変わらず、三段目と幕下の下位辺りをウロウロしていた。越錦と改名してからも、しばらく三段目を抜け出せず、ようやく幕下に再浮上できたのが69年の3月場所だった。しかし、９月場所でまた三段目に落ちてしまう。

幕下以下の力士は、自分の後援会を作ることはできない。協会から給料が出るのも十両からである。やはり大相撲は、幕下から十両に上がるのが難しいのだ。

俺が伸び悩んでいた最大の原因は、いくら食べても太れなかったことだ。盲腸の手術をして、せっかく増やした体重が一気に落ちたこともあった。

これは先ほども書いた通り、神経質な性格が災いしたと思っている。横綱の付き人をしている間、「粗相をしてはいけない」と過剰に考えすぎていたのかもしれない。自分の相撲に専念できないというわけではないのだが、付き人としての責任感が少々強すぎた。廻しを締めても腹の両サイドに隙間ができるのだから、俺の痩せ方は相当ひどかった。

俺はプロレス界に入った後も、なかなか身体は大きくならなかった。日本プロレスでは吉村道明さんの付き人になったのだが、相撲の時と同様に「付き人として、恥じることは一切あってはいけない」と考えてしまったからだろう。どうも俺には責任感を過剰に抱く傾向があるようだ。

ちなみに、俺がようやくプロレスラーらしい身体つきになったのは、武者修行でアメリカに渡った後のことだ。俺の体重が増え出した理由は、付き人業などの雑務から解放されたことも無関係ではないだろう。

俺が相撲でなかなか昇進できなかったのは、性格にも問題があった。勝負師としては、少し優しすぎたのだ。

本場所に向かう途中、その日に当たる力士にバッタリ道で出くわしたことがあった。何やら「深い事情」があるようで、向こうの話を聞いているうちに可哀想になってしまい、本番で力を抜いてしまった。

そんなことをしていたら、番付が上がらなくて当然である。俺は相撲取りとしての将来に限界を感じ始めていた。

第3章　日本プロレスに入門し、「モンゴル人」に衝撃を受ける

なかなか太れなかった俺は、腰回りの筋肉が付かないこともあって腰を痛めてしまった。あまりの痛さに布団をかぶったまま動けなくなり、トイレに這っていくような状態になったため、上野池之端にある力士御用達の金井整形外科に治療に行くことにした。このことが俺の人生を大きく変える。

ある日、俺が待合室で順番を待っていると、知らない男性が話しかけてきた。

「誰だろう…随分と大きな人だなあ」

それがプロレスラーの北沢幹之さんだった。当時は、リング上で新海弘勝と名乗っていた。北沢さんは力道山がまだ存命だった時代に日本プロレスに入門し、ジャイアント馬場さん、アントニオ猪木さんの1年後輩にあたる。膝の治療のために金井整形外科に来ていた北沢さんは相撲好きで、髷をつけていた俺に興味を持ち、話しかけてきたのだ。

とはいえ、いきなりプロレスに誘われたわけではない。最初はよもやま話に始まり、流れでプロレスの話題になった時、北沢さんはこう言ってくれた。

「それだけ身体がデカイんだから、プロレスをやってみたらいいじゃないか」

その一言を聞いて、相撲取りとして限界を感じていた俺の心は大きく揺さぶられた。

「えっ、俺なんかがレスラーになれるんですか？」

半信半疑で聞いてみると、北沢さんは「もしプロレスの世界に来る気があるなら、私が骨を折ってあげるよ」と真剣な表情で答えた。

当時、日本のプロレス界で最も人気があった馬場さんは俺の隣町の出身だし、昔から力道山の試合をよくテレビで観ていたこともあり、俺の中にレスラーに対する憧れがあったことは事実だ。北沢さんの話を聞いているうちに、俺は新しい道が開けたような気がした。

部屋に戻っても、北沢さんの言葉が心の奥で燻っていた。日が経つにつれ、「プロレスをやってみたい」という気持ちが徐々に強くなっていったが、それを親方に打ち明けるのはやはり勇気がいった。

ある日、意を決して親方に相談すると、プロレス転向の話はまったく聞き入れてもらえなかった。そこで俺は田舎から兄貴を呼び、仲に入ってもらう形で親方を説得しようと考えた。

しかし、その目論見は見事に外れてしまう。兄貴は親方に懐柔されてしまい、プロレス転向に反対の立場から俺に説教してきた。

「正志、お前は何を考えているんだ！　親方がこうして期待してくれているんだから、もう少し相撲の世界で頑張れ！」

これはもう「実力行使」しかないようだ。昔から、相撲部屋では厳しい稽古や人間関係に耐えきれず、いつの間にか姿を消す若者が後を絶たない。俺の前にも夜逃げをした新弟子は何人もいたので、やり方はわかっている。

それは70年3月のことだ。俺は決行日の当日も朝からガンガン稽古をして、いつもと変わらず振る舞うように細心の注意を払った。改めて、兄弟子たちから稽古に真面目に取り組む姿勢を褒められるほどだった。

まさか俺がその夜に部屋を飛び出すとは、親方もおかみさんも力士仲間たちも思っていなかったはずだ。俺はみんなが寝静まった頃を見計らって自分の荷物をまとめ、音を立てないように気を付けながら、こっそり部屋を抜け出した。

「オヤジ、今までありがとうございました。俺は別の世界で頑張ります」

この直前、3月場所の成績は西幕下56枚目で3勝4敗だった。通算成績は、１４６勝１４８敗７休。俺の7年に及ぶ力士生活は、こうして幕を閉じた。

結局、十両には一度も上がれなかったが、俺は入門当初から結構期待されていて、相撲の専門誌に「有望力士」として紹介されたこともある。足腰はそこそこ強かったし、それなりの技術も持っていたから、親方も期待していたはずだ。

結果的に俺はその期待を裏切ることになってしまったが、後にキラー・カーンとしてリングに上がっていた頃に親方と再会し、温かい言葉をかけてもらったことがある。

アメリカでブレイクした後、日本に帰ってきた時におかみさんが亡くなったと聞いて、俺は線香をあげるために十数年ぶりに春日野部屋を訪れた。部屋を逃げ出す形で相撲を辞めた俺は、正面の玄関から入るのは失礼にあたると思い、別の出入り口から中に入れてもらった。

久々の再会を喜んでくれた春日野親方に「どこから入ったんだ?」と聞かれたので、「横の入口からです」と正直に答えると、「馬鹿野郎！　次からは正面から入ってこい！」と怒られた。

これは厳しい口調とは裏腹に、俺を一人前と認めてくれたということだ。俺はその親心が嬉しかった。

相撲にしろ、プロレスにしろ、身体が資本の職業であることに変わりはない。線香をあげている時に、自然と体重の話になった。

「お前、今は何キロぐらいあるんだ？」

「おかげさまで、136キロぐらいあります」

「あのまま部屋に残っていたら、三役ぐらいに上がれるものは持っていたのになあ」

親方はそう言いながら、残念そうな表情を浮かべていた。もし相撲を続けていても幕内に上がれたかどうかはわからないが、俺にとっては最高に嬉しい一言だった。

ところで、俺は相撲を廃業して、すぐにプロレス界に飛び込んだわけではない。部屋を飛び出した時、腰痛は完全には治っていなかった。

さらにもうひとつ、俺には子供の頃から調理師になりたいという夢もあった。そこで茨城県水戸市に住んでいた中学の同級生に連絡を入れ、とりあえず彼を頼ることにした。

彼が勤めていた『つくし』という和食の店で働かせてもらえることになった俺は、近くの理髪店で髷を落とした。ハサミを入れられた時、「俺はもう力士ではなくなるのか…。後戻りはできないな」と多少は感傷的にもなったが、その一方で「これから新しい道を歩むんだ」と気持ちを切り替えられた。切った髷は、そのまま理髪店の人に処分してもらった。

俺は昔から料理が好きだったので、「とりあえず、いっぱしの板前になろう！」と魚の下ろし方や出汁の取り方などを真面目に学んでいたが、同級生の「料理の勉強もいいけど、プロレスラーになる話もあるんだろ？　それなら、とにかく腰を治療した方がいいんじゃないか」という助言を受け、俺は板前修行をしながら病院に通うようになった。

そのうちに痛みも徐々に取れ、毎日ジムに通って2時間ほどのトレーニングができるまでに回復した。腰は、もう何も問題ない。そこで北沢さんに思い切って連絡してみた。

「北沢さん、腰も良くなったし、プロレスをやりたいんですが…」

「自分が仲に入ってあげるよ。2人で事務所へ挨拶に行こう」

北沢さんは誠実な性格で、下の人間の面倒見もいい。その言葉通り、すぐに日本プロレスに話をつけてくれ、幹部に紹介してもらえることになった。

71年1月、渋谷区代官山にあった日プロの事務所の前で北沢さんと待ち合わせ、2人揃ったところで中に入った。恥ずかしながら、俺は入り口に置いてあった力道山の像を見ただけで、「うわあ、俺はここに入ることになるのか!?」と舞い上がってしまった。

事務所の中には社長の芳の里さんをはじめ、幹部たちが顔を揃えていた。

「彼が知り合いの小沢くんです。元相撲取りで、プロレスラーになりたくて来てくれたんです」

北沢さんがそう言いながら俺を紹介すると、その場で「裸になれ」と命じられた。俺は急いで服を脱ぎ、上半身裸になった。

「大きくなりそうな身体をしているな」

俺は緊張していたので細かいことは記憶にないのだが、幹部の誰かにそう言われたことは憶えている。俺の入門に反対する幹部はおらず、とりあえずは合格のようだ。

俺は、その瞬間から日本プロレスの練習生となった。しかし、「頑張れよ。ただし、練習についてこられなかったらクビだぞ」とクギを刺されたので、正式に入門を許可されたわけではないのだろう。この世界の慣習を知らない俺は「しばらく様子を見て、見込みがあると判断されたら正式に入門が許可されるのかな!?」と思いながら、「よろしくお願いします!」と頭を下げた。

この時に「お前は練習生をやりながら、吉村道明さんの付き人をやれ」と命じられ、すぐに巡業にも付いて行くことになった。その後、誰からも「正式に入門を許す」と言われたことはない。今と違って、あの頃の契約はアバウトで、書面を交わすこともなかった。幸いなことに、俺はすぐに幹部たちに気に入られたようだ。社長の芳の里さんが相撲出身ということで、優遇されたのかもしれない。

もちろん、新しい世界に入るにあたって不安がなかったわけではない。だが、それよりも「この世界で成功しなかったら、もう田舎には帰れない」という気持ちの方が強かった。

相撲部屋を逃げ出して、プロレスでもダメだったでは話にならない。相撲では幕内に上がれなかったが、改めて「何とか一人前のレスラーとして身を立てよう」と俺は強く決意した。水戸のジムで鍛えていたおかげで、俺は相撲を辞めた頃より身体が大きくなっていた。それでも日プロに入門した時点では100キロに届かず、98キロぐらいだったと記憶している。

俺が日プロに入った時、すでに藤波辰巳（現・辰爾）選手や佐藤昭雄選手などが新弟子として雑務をこなしていた。俺のすぐ後に入ってきたのが同じ相撲出身の桜田一男、後のケンドー・ナガサキである。

読者の中には、新日本プロレス時代やジャパンプロレス時代の俺しか知らない方もいるだろう。話を進める前に、俺が入った71年1月時点の日本プロレスについて少し説明しておきたい。

当時は、ジャイアント馬場さんが絶対的なエースだった。準エースがアントニオ猪木さんで、馬場さんと猪木さんのタッグチーム『ＢＩ砲』も人気を博しており、テレビ中継は日本テレビとＮＥＴテレビ（現・テレビ朝日）の2局で放映されていた。日プロが我が世の春を謳歌していた最後の黄金期にあたる。

社長は先ほど名前が出た芳の里さんで、幹部には吉村道明さん、遠藤幸吉さん、九州山さん、ユセフ・トルコさんらがいた。

北沢さん以外の所属レスラーは、大木金太郎さん、ミツ・ヒライさん、林牛之助（ミスター林）さん、グレート小鹿さん、大熊元司さん、星野勘太郎さん、山本小鉄さん、永源遙さん、安達勝治（ミスター・ヒト）さん、戸口正憲（キム・ドク）さん、轡田友継（サムソン・クツワダ）さん、百田光雄さん、木戸修さんなどで、ドナルド・タケシさんという外国人留学生もシンガポールから来ていた。

他に上田馬之助さん、駒厚秀（マシオ駒）さん、松岡巌鉄さん、高千穂明久（ザ・グレート・カブキ）さん、坂口征二さん、柴田勝久さんも所属だったが、俺が入った時は海外武者修行に行っており、不在だった。

この時代は日プロの他に、国際プロレスという団体もあった。こちらには後に新日本で一緒になるストロング小林さんやラッシャー木村さんなどが在籍していて、TBSで試合が放映されていたが、人気面では圧倒的に日プロが上だった。

この時期の日プロには合宿所がなく、住むところのない俺は永源さんの自宅マンションを寮代わりに使わせてもらうことになった。永源さんは恩着せがましく「俺の部屋に住まわせてやる」と繰り返していたが、実際には吉村さんから「お前のところを寮代わりに使え」とかなりの金額を受け取っていた。俺はそのことを知っていたので、必要以上に永源さんに遠慮することはなかった。ここには藤波選手も寝泊りしており、後から桜田も入ってきた。

永源さんの自宅は、2部屋しかない普通のマンションである。だから、寝る時は、みんなで雑魚寝だ。よく藤波選手とは隣同士に寝たものだが、俺は相撲部屋で男同士のむさ苦しい同居生活には慣れていたから、特にストレスは感じなかった。ここでの共同生活は、その年の9月に日プロの事務所前に立派な合宿所ができるまで続いた。

今でも忘れられない試合がある。入門して最初のシリーズに、ザ・ストンパー（アーチー・ゴルディ）が初来日した。会場は川崎市体育館だったと記憶している。その日、ストンパーとグレート小鹿さんのシングルマッチが組まれ、俺はセコンドに付いていた。

この試合で小鹿さんはストンパーに一方的に攻められ、血ダルマにされてしまった。その一部始終をリングサイドで観ていた俺は、「エライところに来てしまったなあ…」と震えが止まらなかった。しかも3年間のアメリカ武者修行を終えて凱旋帰国し、これから売り出されるはずの小鹿さんがメチャクチャに痛めつけられて負けたのだから、驚くなという方が無理だ。

俺がこれまで観た外国人レスラーの中で最も強く印象に残っているのは、このストンパーである。ちなみに彼は実際にはカナダ人なのだが、現在では「モンゴリアン・ストンパー」というリングネームの方が有名だろう。

ストンパーの試合は他にも観たが、やはりあの小鹿さんとの試合が一番記憶に残っている。なぜなら、「俺もいつかはあんな迫力のあるレスラーになれたらなあ」と思ったからだ。

俺がプロレス界に入って、最初に衝撃を受けたのがモンゴル人キャラクターのレスラーだったということに何かしらの因縁を感じてしまう。しかも、このストンパーとは13年後にカナダのカルガリーでタイトルマッチを行い、俺が勝ってチャンピオンになるわけだから、人生というのは何が起きるかわからないものだ。

第4章　なぜ俺のデビュー戦のデータは間違っていたのか？

正直言って、プロレスの世界はそれほど辛いとは思わなかった。相撲社会の理不尽な厳しさに比べれば、何ということはない。

相撲の稽古とプロレスの練習は、もちろん内容が違う。だが、180度違っているわけではない。プロレスの練習には四股も股割りもないが、腕立て伏せやうさぎ跳びなど相撲部屋でやっていたのと同じようなメニューも多かった。俺は相撲の稽古に真面目に取り組んでいたからこそ、プロレスの練習に耐えられたという面はあるだろう

日本プロレスの道場でコーチを担当していたのは、大坪飛車角さんだった。大坪さんの指導は非常に厳しく、例えばスクワットをやっていて選手が付いていけなくなると、「何でそれぐらいで潰れるんだ！」と激しい口調で叱り飛ばす。ただし、相撲の時にはキツイ稽古を一人だけがやらされるということがよくあったが、プロレスでは全員が平等に同じメニューをこなす。こういう練習を通じて、若手はみんな仲が良くなっていった。

新弟子は首を鍛える練習、そして受け身。これを徹底的に練習させられる。練習のメニューには投げ技もあるが、新弟子は「投げられる」のがメインだ。

投げる先輩レスラーは入れ替わっても、投げられる方はそのままリングに残って受け身を取り続

ける。そのうちに立てなくなってくるのだが、無理やり起こされて、また投げられる。いくら疲れていようとも、きちんと受け身を取らないと怪我をしてしまうので、投げられる方は一瞬も気を抜けない。

とにかく、この受け身の練習は厳しかった。特に小鹿さんには嫌というほど投げられた記憶がある。首を鍛えるためにブリッジの練習もしたが、上から先輩に強く押されることもあった。

これは一見イジメのように見えるかもしれないが、シゴキと言った方が正しい。レスラーは首を鍛えておかないと、投げられた時に後頭部を打つ危険性がある。そうした怪我を防ぐには首を徹底的に鍛え、顎を絶えず引く癖をつけなければならない。しかし、自主的な練習ではなかなか自分を追い込めないから、コーチの大坪さんや先輩レスラーたちが俺たちを限界まで追い込むのだ。

腕立て伏せやスクワットもたくさんやったが、とにかく首を鍛えることが一番の基本だった。他には、２人が相対して首の引っ張り合う練習もやった。俺がその後のレスラー生活で、これといった大きな怪我をしなかったのは、この時期の練習の賜物かもしれない。

道場では基礎体力の練習だけでなく、グランドレスリングの練習もやる。相撲出身の俺には、初体験の領域だ。大坪さんは柔道の経験者なので、俺たちは戦いの基礎となる関節技なども叩き込まれた。

とはいえ、俺の記憶では日本プロレス時代は、いわゆるセメントのスパーリングをそれほど熱心にやらなかったような気がする。もし下の人間が先輩を極めてしまったら大変なことになる、というのが当時の日プロの雰囲気だった。後の新日本プロレス時代は先輩も後輩も関係なしに「極めっこ」をしていたが、日プロでは基礎体力の練習が多かった。

相撲出身者は、見た目よりも身体が柔らかい。だから、俺はすぐにブリッジも楽にこなせるようになった。大坪さんには「お前は、いいものを持っているな」と言われたし、後に猪木さんから「小沢、お前のブリッジはゴールデンブリッジだな」と褒められたこともある。このブリッジはレスラーの基本だが、永源さんだけはできなかった。あの身体つきでは無理だろう。

プロレス特有のものに、ロープワークがある。これを覚えるための練習も徹底的にやらされた。よくプロレスを白い目で見ている人は「レスラーはロープに振られると、どうして戻って来るんだ?」と小馬鹿にするが、ロープワークはプロレスをやっていく上で必要な「技術」であり、何度も反復練習をしなければ身に付かない。

リングの四方に張ってある3本のロープの中には太いワイヤーが入っており、変な角度で当たるとアバラ骨を痛めてしまうし、骨折する場合もある。だから、実はロープを脇で受け、反動を使って中央に戻る方が安全だという側面もあるのだ。

このロープワーク、そして相手のショルダータックルを受ける練習も何度もやらされた。自らロープに走り、反動を使ってリングの中央に戻る。そして、相手に左肩から当たっていく。一方が倒れて、受け身を取る。起き上がった頃、ロープに走った選手が戻って来て、再び左肩からぶつかってくる。

そういう動きを何度も道場のリングで繰り返した。これはタックルや受け身の練習になるだけでなく、実戦の勘も養えるし、リングの広さも身体で覚えられる。

プロレスのロープワークでは、リングの中央で相手をタックルで倒したら、右方向のロープに走るのが基本だ。もし倒れた相手を飛び越えて反対側のロープに走ったりしたら、見た目も不細工だし、理屈的にもおかしい。たまにプロレス中継をテレビで観ると、デタラメに走っている選手を見かけることもあるが、ああいうのは見映えがしないし、怪我の元でもある。

こうした練習をした結果、レスラーは受け身を取る時にどちらの方向に倒れればいいのか、ロープに走る時にどちらの方向へ走った方が次の技を出しやすいかなどを瞬時に判断できるようになる。それと同時に、何度もダッシュしたり、受け身を取って起き上がったりしているうちにスタミナも付く。

俺は相撲時代に鍛えていたおかげで、練習で大坪さんに怒鳴られた記憶はあまりない。自慢するわけではないが、飲み込みは早かった方だろう。プロレスの世界に入って意外だったのは、ランニングの練習がなかったことだ。理由は単純で、道場が代官山にあるから、走ろうにも走る場所がなかったのだ。

ちなみに新日本の時は、野毛の道場から多摩川沿いにある読売巨人軍のグラウンドまでよく走らされた。そして、グラウンドの横にある広場で、コーチの山本小鉄さんがわざと我々に練習をさせる。２人１組になり、パートナーを肩車した状態でスクワットを繰り返していると、巨人軍の練習を見に来ていたギャラリーの目がこちらに向く。それを見て、小鉄さんは満足そうな顔をしていた。

それはともかく、俺たち日プロの若手は練習で手を抜くことは絶対に許されなかった。何しろ午前９時までに道場に入らないと大坪さんの平手打ちを食らってしまうので、毎日９時前には顔を出し、みっちりと練習に打ち込んだ。

そんな日々を送っているうちに、俺は徐々に太りだした。練習を熱心にやっていたので、ただ単に体重が増えたというよりも、筋力が付いてきたと言った方が正確かもしれない。

この時代の若手は、ミツ・ヒライさんがOKを出さない限りデビューできなかった。ヒライさんは中堅のレスラーだったが、キャリア的には馬場さんや猪木さんの先輩である。当時は若手のまとめ役のような立場で、会社の幹部たちからも信頼されていた。おそらく吉村さんの口添えもあったのかもしれないが、ヒライさんは早々に俺のことを認めてくれたようで、入門から半年も経たずにデビューすることができた。

コーチの大坪さんから「次のシリーズでデビュー戦をやるぞ」と告げられたのは、巡業に出る前だった。その時点で決まっていなかったのかもしれないが、対戦相手の名前は教えてくれなかった。

すでにシューズは作ってあったし、タイツも準備してあった。好きな色だからという単純な理由で、どちらもカラーは黒を選んだ。

昔は正式なデビュー戦の前に、若手をバトルロイヤルに出して実戦練習を積ませる。当然、俺も何度か出ていたので、デビュー戦の時はそれほどナーバスにならずに済んだ。バトルロイヤルでは最後に勝ち残った選手が賞金をもらうのだが、実際には後でそれをみんなで分ける。賞金の分配をするのもヒライさんの役目だった。若手にとっては、この賞金の分け前が結構な小遣いになる。

デビュー戦の1週間ぐらい前に、大坪さんから対戦相手を告げられた。

「鎌倉の大船大会で、木戸とやらせる」

それを聞いて正直、ホッとした。木戸さんでなかった場合、俺の相手は戸口さんになる可能性が高かったからだ。実際に、俺がデビューした直後に桜田は戸口さんを相手にデビューしている。あの当時、先輩では轡田さんと戸口さんが特に後輩に厳しかった。デビュー戦の相手が木戸さんだったことは、本当に運が良かったと思っている。

71年6月26日、鎌倉市大船駅前広場――。この日は野外での興行だった。試合開始が午後6時で、俺が出たのは第1試合だ。

俺は遂にデビューできるという嬉しさを噛みしめながら、リングに向かった。裁くレフェリーは田中米太郎さん。俺のリングネームは、相撲の初土俵の時と同じく本名の「小沢正志」である。

このデビュー戦のことは、今でもはっきりと憶えている。特に技というような技は出さなかった。殴る蹴る以外には、頭突きを繰り出し、馬場さんの16文キックばりに木戸さんの顔を蹴飛ばした。

実は木戸さんとは代官山の道場で、試合形式の練習を何度かやっていた。

「2人で10分間やってみろ！」

大坪さんにそう命じられ、リングベルを鳴らしての本格的な練習試合である。だから、木戸さんの手の内は多少はわかっていた。もちろん無我夢中ではあったが、今でもどういう内容の試合か思い出せるのだから、ある程度は冷静さを保っていたのだろう。結果は7分32秒、木戸さんの逆エビ固めで俺はギブアップした。

このデビュー戦に関して、2つのエピソードがある。ある人から聞いて初めて知ったのだが、長い間、俺の公式プロフィールは「71年11月20日、栃木県の大田原市体育館で桜田一男を相手にデビューした」ということになっていたそうだ。

これは完全に事実誤認である。先ほども書いたように、桜田は後輩で俺よりデビューも遅い。どうしてこんなデタラメな話になったのかは知らないが、日プロ出身のレスラーでデビュー戦のデータが間違ったまま定着してしまった例が俺の他にもいくつかあるようだ。

また、これも後から知ったのだが、翌日のスポーツ新聞の試合結果欄に、俺の名前は「小沢昭治」と記されていたようだ。これは完全に誤植である。いや、そもそも団体側の人間が漢字を間違えて発表してしまったのかもしれない。だから、俺はデビュー直後に「小沢正志」に改名したという説もあるようだが、これも間違いである。

この2つのエピソードからもわかるように、当時の新人レスラーは団体にとって大事な存在ではなく、マスコミにとっても興味の対象外だった。相撲の時と同様、俺はそんな「最底辺」のポジションからプロレスラーとしての第一歩を踏み出した。

第5章　吉村道明さんからは、プロレスの「戦う姿勢」を教わった

俺がデビューした当時、前座のレスラーはスープレックスのような大技を繰り出したり、飛んだり跳ねたりすることは許されなかった。本当は若手の方が身体が柔らかいから、大技を繰り出した時に綺麗に決まるし、見映えもするのだが、そういった派手な技はトップレスラーしか出してはいけないという暗黙の了解があった。

だから、若手は腕を取って締め上げたり、足を取って固めたりしながら試合を組み立てていく。蹴ったり殴ったりも多少はあったが、派手さのないファイトを試合で見せていた。もし前座の試合で若手が大技を出したりすると、ミツ・ヒライさんに食らわされる。今のプロレスは第1試合から大技をバンバン出すらしいが、俺たちの時代を考えると随分と変わったものだ。

俺のプロレスラーとしての初勝利は72年2月1日、愛知県の西尾市総合体育館で相手は桜田だったようだ。しかし、実はこの試合の記憶はまったくない。いや、それ以外にも日本プロレスの若手時代の試合のことは、ほとんど憶えていないのだ。理由は無我夢中だったこともあるが、ヒライさんに見られているという精神的なプレッシャーがとにかく半端ではなかったからだろう。

代官山の道場では、藤波選手や桜田とも試合形式の練習をやらされたことがある。ヒライさんと大坪さんはそれを見ながら少し注意するだけで、具体的なアドバイスはあまり言わない。それは細

かく指摘しすぎると、のびのびとプロレスができなくなるという考えからだったと俺は思っている。型にハメてしまうと、レスラーにとって大切な「個性」が消えてしまう危険性があるのだ。

その一方で、スタミナが持たず、途中でバテてしまう選手には容赦なく「馬鹿野郎!」と罵声が飛ぶ。これが新日本プロレス時代だと、小鉄さんの竹刀が飛んでくる。俺は最低でも15分は戦えるスタミナがあったので、ほとんど怒られたことはなかったし、練習と試合をこなしていくうちに、「俺は相撲よりプロレスの方が向いている」と感じるようになった。

新弟子は入門した当初、月額3万円の手当てのようなものがもらえる。そこから1割引かれて、手取りは1ヵ月で2万7000円だ。

デビューした後は、1試合でいくらという『試合給』に変わる。当時の若手のギャラは、1試合=3000~5000円だった。

若手の中で、特に仲が良かったのは藤波選手だ。藤波選手は中学卒業後に自動車修理工をやっていたが、どうしてもプロレスラーになりたくて、同郷の北沢さんに頼んで日プロに入れてもらったそうだ。入門は俺より早かったとはいえ、年下だったこともあり、俺に対して先輩面はしなかった。

北沢さんに連れてこられた時、ヒライさんは藤波選手を見て、「何だ、これは? まだガキじゃねえか! まあ、いいや。使いっ走りでもさせとけ」と言ったらしい。こういう言い方をするのは先輩に対して失礼なのだが、永源さんのマンションで共同生活を送っていた頃に藤波選手と会話をしていると、やはり「まだ子供だなあ」と思ったものだ。

普段、俺は藤波選手のことを「辰つぁん」と呼んでいた。逆に、藤波選手は俺を「オッサン」と

藤波辰巳（現・辰爾）選手とは、日本プロレスの若手時代から仲が良かった。巡業中のオフには一緒に鳥取砂丘へ観光に行き、馬に乗ったこともある。

呼ぶ。小沢の「お」と「オジサン」という二重の意味だ。俺と藤波選手は年齢が6歳違う。俺は老けていたという自覚はなかったが、藤波選手はまだ未成年だったから、かなり大人に見えたに違いない。

後にプロレス雑誌か何かで、この頃の巡業中に列車の座席で藤波選手が俺の肩に頭を乗せて眠っている写真を見たことがある。藤波選手は童顔だったから、その姿は俺から見てもまるで親子のようで、思わず笑ってしまった。

初めて試合で当たったのは新日本プロレス時代だが、若手の中で最も手が合ったのも藤波選手だった。気心が知れた相手とは、いい試合になる。逆に人間的に嫌いな相手とは、いい試合にならない。これはレスラーによって意見が異なるかもしれないが、俺の場合はそうだった。

だから、新日本に移ってから外国人レスラーと当てられ始めた時は、少々ビビった。相手がどういう人間か知らないからだ。キャリアを積んでからはそんなことは気にならなくなったが、やはり気心が知れた人間同士で戦うと、お互いに相手を立てて良さを引き出そうとするから、試合のクオリティーが上がることは間違いない。

酒に関しては、プロレスの世界も相撲の世界も同じだ。身体を大きくする意味も込めて、未成年だろうがガンガン飲まされる。

あれは確か四国の松山に行った時だ。藤波選手は小鹿さんや大熊さんに飲まされてベロンベロンになり、部屋を出たっきり戻って来なかった。心配になって探しに行くと、旅館の外でぶっ倒れて寝ていたことがあった。

俺が入門した時、佐藤昭雄選手もまだ未成年だった。佐藤選手は藤波選手より先に入門しているので、俺は「佐藤さん」と呼んでいたが、こちらが相撲社会という厳しいところから入ってきたこともあって俺を立ててくれた。佐藤選手は器用な人という印象が強く、ザ・デストロイヤーの歩き方の物真似が絶品だった。

百田光雄さんはプロレスで1年先輩だが、年齢は1歳下だった。ご存じの通り、百田さんは力道山の息子である。言い換えれば、金持ちの家の子で、当時は赤坂の高級マンションに住んでいたから、少し格差を感じたことは確かだ。

本人が力道山の息子だという事実をどう捉えていたかはわからない。俺から見ると、レスラー全員が百田さんに対して「そういう扱い」をしていた。ただ、みんなは「みっちゃん」と気軽に呼んでいたし、本人も大人しい性格だったので、決して距離を置いていたわけではない。

百田さんは上半身がガッチリしているわりに下半身が細いので、安達さんにそのことをよくツッコまれていた。前にも述べたように、若手は朝の9時までに道場に入らければいけない規則になっている。ある時、百田さんが遅れてきたら、安達さんが「みっちゃん、便座にケツが挟まって抜けなかったのか？」とからかって、みんなを笑わせていた。

シンガポール出身のドナルド・タケシさんも、俺にとって先輩にあたる。タケシさんは力はなかったが、身体が非常に柔らかく素晴らしいブリッジをやっていた。

年齢は彼も下だったが、兄貴肌なところがあり、「小沢、飯を食いに行くぞ」と渋谷のお洒落なレストランに連れて行ってもらったことがある。タケシさんとは新日本でも一緒になったが、将来はプロモーターとして母国のシンガポールでプロレスの興行をやって行きたいと考えていた。日本の団体に人脈があるから資金さえ調達できれば可能だったはずだが、残念ながらその夢は実現しなかったようだ。

若手の仲間には、角界出身者も何人かいた。俺のすぐ下の後輩になる桜田は立浪部屋出身で、十両、幕内に上がるのを確実視されていた有望株だったが、幕下の時に廃業してプロレスの世界に飛び込んできた。

俺たちが一番下の時は、よく一緒に先輩の練習着を洗濯し、リングのロープにかけて乾かしたものだ。桜田はすぐにキレる喧嘩っ早い人間だと思っているプロレスファンもいるようだが、永源さんのマンションでも代官山の合宿所でも常に控え目にしていたから、俺の中では口数が多くなく、おとなしい性格の人間という印象が強い。

同じく角界出身の羽田光男（ロッキー羽田）については、ほとんど記憶がない。相撲取り上がりでウマが合ったのは、伊藤正男だ。彼とは合宿所で相部屋だったこともある。彼はプロレスに向いていないんじゃないかと思うほど、桜田以上におとなしい人間だった。

残念なことに、伊藤は全日本プロレス時代に海外修行に出たまま行方知れずだという。確かに派手さもなく、身長も高いわけでもないから、海外で苦労したのだろう。パワーはあったが、それ以外に特に個性がなかったから、途中でプロレスを諦めてしまったのかもしれない。

後に一緒に新日本に移籍することになる大城勤は沖縄出身で、ダンプの運転手をしていたらしく大型の免許を持っていた。目立たない人間だったが、人を騙したりすることのない真っ直ぐな性格だった。彼は新日本時代に大城大五郎と名前を変えたが、俺が海外に行っている時期に退団してしまったという。現在は、どこで何をしているのだろうか。俺の知る限り、彼と連絡がつくレスラー仲間は一人もいない。

木村聖裔（現・健悟）も、宮城野部屋出身の元相撲取りだ。どういう経緯でプロレスの世界に入ってきたのかは知らないが、要領が良く、いつも坂口さんにゴマを擦っていた印象が強い。

当時は巡業に出ると、試合後は旅館の大広間に選手全員が集まり、酒を飲みながら食事を採る。酒の調達をするのも、俺たち若手の仕事だ。当たり前だが、旅館が用意した酒を飲むと割高になる。そこでヒライさんなどが「おい、○○新聞社からの差し入れという形にして、旅館に酒を2～3箱届けさせろ」と若手の誰かに命じる。

その選手は試合前に地元の酒屋に出向き、「〝日本プロレスの皆様へ〟と書いて、夜までに○○旅館に配達してください」とお願いして、清算を済ませてから会場入りするという寸法だ。当然、試合を終えて旅館に着くと、その酒が届いている。

「おお、あそこの社は気が利くな。今夜はみんなでこれをいただくことにするか」

これで作戦完了だ。中には酒の持ち込みを嫌がる旅館もあるが、送り主が全国紙の新聞社で、贈呈されるのはあのジャイアント馬場のいるプロレス御一行となれば、なかなか断れない。俺の知る限り、この作戦が旅館側にバレたことは一度もなかったはずである。

宴会が始まれば、若手たちは芸をさせられたりする。俺の十八番は、やはり子供の頃から得意の歌だった。その頃はカラオケなどなく、「ジャンジャラジャーン」と自分でイントロを口ずさんでから、三波春夫さんの曲などをアカペラで歌う。若手の中で、俺はトップクラスの芸達者だったと自分では思っている。

その頃、若手同士で一緒に飲みに行ったりすることはあまりなかった。なぜなら俺たちには練習や試合以外に、付き人という大事な業務があるからだ。

俺は吉村さん、藤波選手は猪木さん、佐藤選手は馬場さん、桜田は上田さんの付き人だったから、巡業中は別行動になることもあった。付き人をやるということは、自由が制限されるということだ。

巡業を終えて合宿所に戻れば、若手たちで共同生活を送ることになるが、外で遊ぶほどの金銭的な余裕はない。俺の場合は、たまに吉村さんから「これで美味いものでも食え」と小遣いをもらい、渋谷の『毎日食堂』という店で焼き肉を腹一杯食うのが楽しみだった。

俺は吉村さんの他に、小鹿さんの付き人もやっていた時期がある。吉村さんに言われて兼任することになったのだ。小鹿さんは元相撲取りで出羽海部屋だったから、同じ一門の俺が適役だと思ったのだろう。

小鹿さんはバッグは自分で持つタイプなので、俺に渡されるのは持ちきれない荷物だけだった。だから、俺が持ち運ぶ荷物の80%は吉村さんのものだったが、移動の際には両手に大きなカバンを持ち、首に小さなバッグをかけ、他の荷物を脇の下に抱えるという状況になった。

巡業に出たら、付き人は女房代わりのようなものだ。旅館に着けば、下着を受け取り、それを洗濯して干す。会場に持って行くものを用意するのも俺だ。マッサージもやったし、風呂に入る時には背中を流す。これらは相撲時代にやっていたことと同じなので、それほど苦にはならなかった。

吉村さんは優しい性格だったので、イジメられたことは一度もないし、怒られた記憶もない。しかも俺が付き人の仕事を嫌がらずにやるものだから、よく小遣いをもらった。前座の頃は、会社からもらうギャラより吉村さんからもらった小遣いの方が多かったほどだ。

ある日、地方に3日ほど泊まったことがあった。吉村さんから洗濯物をクリーニング屋に出すように言われ、1万円札を渡された。クリーニング代は1000円ほどで済んだのだが、旅館に戻ると、吉村さんに「釣りは取っておけ。小遣いだ」と言われて驚いた。あの頃の9000円は、今なら3万円ぐらいの価値があるかもしれない。

吉村さんは、あんぱんが大好物だった。列車が駅に止まっている数分の間に、それを買いに行くのも俺の仕事だ。幹部の吉村さんはグリーン車で、俺は普通の席だから、あんぱんの調達は事前に命じられ、列車が駅に停車すると同時に売店にダッシュするのだ。

当時、吉村さんは選手としてリングに上がる以外に、マッチメーカーとして日々のカードを組み、会社の金庫番のようなこともやっていた。巡業中、地方のプロモーターから売上金を回収するのも吉村さんの役目だった。

だから、地方では試合が終わると地元のプロモーターと会うことが多く、俺も一緒に連れて行ってもらったりする。当然、吉村さんと同じ高級な料理を食べることになるし、中には結構な額の小遣いをくれるプロモーターもいたから、猪木さんに付いていた藤波選手に比べれば、そういう面ではかなり得をしたかもしれない。

吉村さんからは、プロレスに関してもアドバイスをもらった。日本海軍に所属していた吉村さんは終戦後に近畿大学に入り、相撲部に所属して、学生横綱、国体優勝という輝かしい実績を残している。プロレスデビューは54年だから、俺が日プロに入門した時点で、キャリア17年の大ベテランだった。

吉村さんには、「練習はキツイけど、すべて自分にためになるんだぞ」、「練習がキツイほど、試合になると楽にできるぞ」とよく言われたが、俺はその言葉を信じ、代官山の道場で練習に明け暮れたものだ。

デビューした後も俺の試合をよく見てくれており、試合後に気付いた点を指摘してくれた。

「相手に遠慮しないで、もっと行け」

「ダラッとせずに、両手を常に構えるように意識しろ」

「相手から目を逸らすな」

つまり、これは「常に戦っている姿勢を見せろ」ということだ。

これは新日本に移った時に、小鉄さんからも言われた。ある日、試合を終えてバックステージに戻ると、小鉄さんがいきなり竹刀で俺の腕を全力で殴ってきた。

「お前、相手がかかってくると思ったら、構えるだろ！　何で腕をダラッと下げてるんだ！」

だが、注意されたということは、目をかけてくれているということだ。「こいつはどうせ辞める」と思ったら、誰もアドバイスなどしてくれない。俺は吉村さんと小鉄さんのおかげで、自然と試合中に構える癖が身についた。

吉村さんからは、「前の試合をよく見ていろ」とも言われた。他の選手の試合を見ることは攻防の参考にもなるし、同じような内容にならないように気を付けることもできる。前座の場合は使える技が制限されているから、どうしても同じような試合になってしまうので工夫が必要だ。とにかく試合を見ることが大事だということは、吉村さんに何度も言われた。

先輩の試合を見る時は、俺自身が「重みのあるレスラーになりたい」という気持ちがあったので、そういう選手の動きに注目していた。あの頃、俺は特に大木金太郎さんのファイトが好きだった。大木さんはドロップキックのような派手な技は出さなかったが、動きの一つ一つに重みがあった。

そういえば、吉村さんから飛び蹴りを教わったこともある。吉村さん自身も使っていた正面飛びのドロップキックだ。だが、試合で2～3回やってみて、「俺には無理だ」と思い、その後は封印してしまった。

吉村さんの趣味は、麻雀だった。自前の麻雀牌を持っていて、その管理も俺の仕事である。巡業中に試合が休みの日になると、旅館から麻雀台を借りて馬場さんや星野さんとよく打っていた。次の日、部屋を片付けに行くと、牌を入れるケースに吉村さんや馬場さんが小遣いを入れておいてくれたことが何度もあった。

場所は忘れたが、馬場さんと初めて会話を交わした時のことはよく憶えている。

「お前、出身は新潟か？　新潟のどこだ？」

「吉田町です」

「うわあ、隣町じゃないか」

そして、「胸を出せ」と言われて空手チョップをお見舞いされた。プロレスの世界に入ってきた俺に対する馬場さん流の「洗礼」である。本気でやったわけではないが、かなり痛かった。

これをきっかけに、馬場さんにはかなり可愛がられた。馬場さんから自分が使っていたネクタイピンやカフスボタンをもらったこともあるし、シャツもプレゼントされた。それらは今でも大切に保管している。

この時代に、俺は猪木さんから小遣いをもらった記憶がない。だからというわけではないが、俺は猪木さんよりも馬場さんの方が好きだった。

第6章　俺が入門した年に日本プロレスで起きた2つの事件

レスラー生活に慣れてきた頃、俺はこの日本プロレスという組織の中に、何やら「派閥」のようなものがあることに気付いた。その原因のひとつとなったのは、試合中継が日本テレビとNETテレビの2局で放送され、それぞれが人気を集めていたことだった。

力道山時代から日プロの試合は日本テレビが放送していたが、あまりの人気ぶりにNETも参入して中継をやるようになった。ただし、その条件として馬場さんの試合は日本テレビが独占で放映していた。そうなると、必然的にNETの中継のエースは猪木さんになる。日プロは2局からの放映権料で大いに潤ったが、内部は徐々に日本テレビ＝馬場派、NET＝猪木派、それ以外の派閥に分かれていったようで、これにはテレビ問題以外に付き人制度も大きく影響していたようだ。

そうした視点で当時の日プロ内部を眺めてみると、大熊さん、轡田さん、佐藤選手などは馬場派で、北沢さん、小鉄さん、木戸さん、藤波選手は猪木派になる。俺は付き人をやっていた関係から、吉村派と見られていたのだろう。付き人も派閥の一員と考えると、桜田は上田派で、戸口さんは大木派になるが、若手同士は派閥に関係なく仲良くやっていた。

確かに控室の中も、自然と猪木さんの派閥と馬場さんの派閥に分かれて座るようになった。これはファンからは見えにくいことだが、タッグチームを組んでいるレスラー同士がリングを降りても仲が良いとは限らない。吉村さんは誰にも合わせせられたが、マッチメーカーとして苦労した部分もあったのではないだろうか。

俺が入門した71年に、日プロで有名な事件が２つ起きている。どちらも中心人物は、猪木さんだった。これらについては、店に来たお客さんからも聞かれることがある。当時はぺーぺーだったから会社内部の詳しい事情はわからないが、ここでは俺なりの視点から２つの事件について振り返ってみたい。

まずは５月19日、大阪府立体育会館で行われた『第13回ワールドリーグ戦』の最終日に猪木さんが馬場さんに対して突然、対戦要求を突きつけるという事件が起きた。

この時、猪木さんは「自分はＵＮヘビー級チャンピオンであり、馬場さんはインターナショナル・ヘビー級チャンピオン。どちらが格上か、実力はどちらが上か、はっきり答えを出してファンを納得させるべきだ。敢えて馬場さんのインター王座に挑戦したい」と主張した。猪木さんは常に馬場さんの下という扱いだったから、自分のポジションに不満があったのかもしれない。

今になって思えば、猪木さん自身はそんなことを言いながら、馬場さんとの一騎打ちが本当に実現するとは思っていなかったはずだ。エースと準エースが潰し合いをしていたら、プロレスというビジネスは成り立たない。負けた方は大きな傷がつくし、会社がそんなことを許すわけがないということは猪木さんも百も承知のはずである。

結局、上の人間が猪木さんの主張を一蹴して事態はすぐに収束したが、プロレスファンの中には今でも馬場さんが逃げたと解釈している人がいるようだ。しかし、実際は猪木さんがムチャなことを言っただけの話である。聞いたところでは、NETの人間が猪木さんを焚き付けた部分もあったようだ。

馬場さんにしても、NETの意向が働いているというカラクリはわかっていたはずである。なぜなら、その挑発してきた猪木さんと反目するどころか、水面下で手を組み、会社の改革に乗り出したからだ。馬場さんと猪木さんはリング上ではパートナー同士であり、それぞれ日本テレビとNETの中継のエースだったが、リングを降りれば日プロの役員という顔も持っていた。

この年の秋頃、会社の金の流れに不信感を抱いていた猪木さんは馬場さんや上田さんらに声をかけて、日プロ幹部の「不正経理」を追及しようと動き始めた。どうも5000万円ほどの使途不明金があったらしいのだが、俺も誰かに「会社を良くするためだ」と言われて、嘆願書とやらに署名させられた記憶がある。

現在、この猪木さんの内部改革には裏があり、実際には会社の乗っ取りを企てていたということになっているが、その真偽は俺にはわからない。最終的に不正追及の計画がバレて幹部たちの怒りを買い、猪木さんは日プロから追放されてしまった。

俺もこの猪木さんのクーデター未遂事件の当事者といえば、確かにそうなる。だが、俺だけなく藤波選手や桜田も会社の中で何が起きているかわからなかったはずだ。まさか幹部の吉村さんに、「猪木さんの件はどうなっているんですか?」なんて聞けるはずもない。

この時、上田さんが猪木さんを裏切り、幹部に計画を密告したというのが定説になっているようだ。また、大木さんや小鹿さんが猪木さんの選手会除名を強硬に主張したとされている。

確かに、上田さんは猪木さんとソリが合わなかったという記憶がある。だが、俺の中ではそれ以上に上田さんは小鹿さんとソリが合わなかった印象が強い。この前後に俺は上田さんと小鹿さんの「プライベートなイザコザ」に巻き込まれて、一瞬プロレスを辞めようかと思ったこともある。

この追放事件の前月、猪木さんは京王プラザホテルで女優の倍賞美津子さんと1億円の費用がかかったと言われる盛大な結婚式を挙げた。当然、俺も出席したし、日プロの幹部もレスラーも全員が参加しているはずだ。それから1ヵ月しか経たないうちに、事態は急展開したことになる。

12月7日、札幌中島スポーツセンターでＢＩ砲にドリー・ファンク・ジュニア＆テリー・ファンクが挑むインターナショナル・タッグ王座のタイトルマッチが行われた。ここで馬場さんと猪木さんはファンクスに敗れてベルトを落としたのだが、セコンドが馬場派、猪木派に分かれてカリカリしていたことは鮮明に憶えている。

確か２人は控室も別で、猪木さんはタクシーで会場に来て、試合が終わったら、すぐにまたタクシーに乗り込んで帰るという状況だった。ヒライさんの様子もいつもと違い、他の選手たちも一様に緊張感を漂わせていた。

実はこの日に限らず、このシリーズは常に控室はピリピリムードだったのだが、猪木さんはそのファンクスとの試合後、表向きは「病気欠場」ということになり、二度と会場に姿を見せることはなかった。

猪木さんの追放が表面化したのは、シリーズ終了後の12月13日だった。芳の里さんたちが事務所で記者会見を開き、猪木さんの「背任行為」を糾弾し、除名したことを正式に発表した。

その日、俺が代官山の事務所に顔を出すと、会社の中は騒然としていた。俺はいまいち事情が飲みこめていなかったが、みんなが口々に猪木さんの悪口を言っており、今日は練習どころではないということはすぐに理解できた。

猪木さんが除名された直後、小鉄さん、木戸さんといった猪木派と見なされていた選手たちも姿を消した。藤波選手は猪木さんに憧れてプロレス界に入ったし、もしかしたら行動を共にするかもしれないと思っていたが、いつの間にか合宿所からいなくなっていた。

同じく猪木派のユセフ・トルコさんの姿も見なくなった。トルコさんが「知り合いのヤクザを使って殺してやる!」と幹部の誰かを脅したという話も聞こえてきた。

結局、猪木さんたちは翌72年3月に新日本プロレスを旗揚げすることになる。この騒動の時、俺をプロレスの世界に導いてくれた北沢さんはメキシコで修行中だったが、猪木さんに誘われて柴田勝久さんと一緒に新日本へ行ってしまった。

猪木さんたちが日プロを去った後、コーチの大坪さんも会社を辞めた。突然、プロレス界から離れ、退職金で喫茶店をやり始めたのだ。もしかしたら、「この会社はもう危ない」と見切りをつけ、退職金がちゃんと出るうちに逃げ出したのかもしれない。大坪さんが去った後の道場はコーチ不在の状態となり、俺たちは自分たちで工夫しながら練習せざるを得なくなった。

その頃、桜田と顔を突き合わせて、「この会社はどうなるんだろうな…」と語り合ったこともある。だが、2人とも内情をまったく知らない単なる若手レスラーだから、話し合ったところで何がどうなるわけでもない。

今まで一緒に練習していた先輩や仲間たちが次々といなくなるのは寂しかったが、それ以上に俺は会社の先行きが心配だった。

第7章　大木金太郎さんに誘われて韓国へ行く

猪木さんと共謀して会社の不正追及を計画していた馬場さんは責任を取って選手会長を辞任し、大木さんが新しい選手会長となった。

大木さんとは、いろいろと思い出がある。日本プロレス時代に大木さんに呼ばれて、俺は2度ほど韓国遠征に行った。ご存じの方も多いだろうが、大木さんは韓国出身で、向こうではキム・イルと名乗り、絶大な人気を集めるスーパースターだった。

俺の役回りは、大木さんと戦ってメチャクチャにやられること。要は引き立て役だ。当然、大木さんと戦うのだから、メインイベントに出ることになる。俺の記念すべき初の海外遠征は韓国であり、初のメインもこの時だ。

団体内の序列を考えれば、俺のようなペーペーが日本でBI砲や大木さんクラスの選手と戦うことは有り得ない。だが、韓国の観客は俺がどんなレスラーなのか知るはずもないから、現地で「キム・イルの首を狙って強豪レスラーが来る」という触れ込みにすれば、それで通用してしまう。俺と一緒に渡韓したメンバーの中にはボボ・ブラジルもいたが、そうした本物のトップレスラーを揃えるより、俺のような若手を連れて行った方がギャラも安くて済むというメリットもある。

大木さんは向こうでVIP級の待遇を受けていたので、俺たちもかなり高級なホテルが用意され

日本プロレス時代には、大木金太郎さんに誘われてボボ・ブラジルらと一緒に韓国遠征に行った。後に俺は世界の各テリトリーに足を伸ばすことになるが、これが生まれて初めての海外渡航だった。

ていた。一度の遠征で、ソウルや釜山など数ヵ所で試合をしたはずである。最初の渡韓は、デビューした直後ぐらいだったと記憶している。

その頃は、日本と同様に韓国でもプロレス人気は高かった。昔は外国人レスラーが来日するとオープンカーでパレードをしていたが、俺たちが韓国に行った時も同じようなことをやらされ、道端を埋めた多くの民衆が我々に手を振ってくれた。会場も日本と同じぐらい埋まっていたし、場所によっては韓国の方が多かったかもしれない。

ただし、問題がなかったわけではない。韓国は水が悪かったのか、それとも食べ物があたったのか、腹を壊してしまう選手が続出した。俺も同じように下痢をしたが、薬を飲んでも効かないので、腹にタオルを巻き、お湯を入れたやかんを抱えて腹を温めた。

韓国に行く前に会社から「お前はマスクを被

れ」と言われたが、実際には被っていない。この話を北沢さんにしたら、「じゃあ、大井競馬場に行って馬の被るマスクをもらってくればいいじゃないか」と言われ、お互いに大笑いしたことを思い出す。

韓国人の選手も何人か出場したが、後にアメリカで出会うパク・ソン（朴松男）のような有名レスラーは出ていなかった。リングに上がっていたのは、プロレスだけでは飯が食えず、他の仕事をしながら兼業でやっているような選手ばかりで、聞いたところによると、韓国人だけの試合だとお客さんがあまり入らないらしい。

あの頃、韓国で行われるプロレス興行は、「殺しの軍団」と称された柳川組の柳川次郎さんがプロモーターとして仕切っていた。日本で柳川さんは山口組系の武闘派ヤクザとして有名だが、韓国では英雄的なビジネスマンとして尊敬されていた。

あの頃の大木さんは当時の朴正熙（パク・チョンヒ）大統領に可愛がられていたこともあり、日本では想像もつかないほどビッグな存在だった。大木さんが何かの際に列車に乗り遅れた時、それに気付いた運転士が慌てて駅に引き返したという逸話もあるほどだ。

そんな大英雄の大木さんと戦えるのは、俺にとって名誉なことである。だが、困ったことがひとつあった。試合が終わった後に敵役の俺に対し、観客席から唾が飛んでくるのだ。あの唾攻撃には、本当にウンザリさせられたし、あまりの常識のなさに驚いた。

考えてみれば、ヒールとして戦うのも韓国遠征が初体験だった。しかし、キャリアの浅い俺は、ヒールはどう立ち振る舞うべきかをよく理解できずにリングに上がっていた。

唾はブーイングと同じである。唾を吐かれた俺は自分の役目をきちんと果たしたということになるのだが、満足感を得るどころか逆に腹を立てていたぐらいだから、まだまだレスラーとして青かったということだろう。

とはいえ、選手に唾を吐きかけるのは、いくら何でもやりすぎだと今でも思っている。あれも国民性なのだろうか。

俺が韓国遠征のメンバーにチョイスされたのは、大木さんが吉村さんと仲が良かったことも影響したのかもしれない。ここまで読んでもらえばわかると思うが、俺は猪木さんや坂口さんよりも、馬場さんや大木さんと親密な関係だった。それがなぜ新日本プロレスに移籍することになったのか。

猪木さんが日プロを追放されて、一番困ったのがNETだった。突然、プロレス中継の目玉がいなくなってしまったのだから、事態は深刻である。そこで日プロを説得し、馬場さんの試合を電波に乗せた。

だが、これは契約違反だ。激怒した日本テレビは、72年5月に日プロの中継を打ち切ってしまう。これも俺は後から知ったのだが、中継を打ち切る裏で日本テレビは馬場さんに独立話を持ちかけたそうだ。

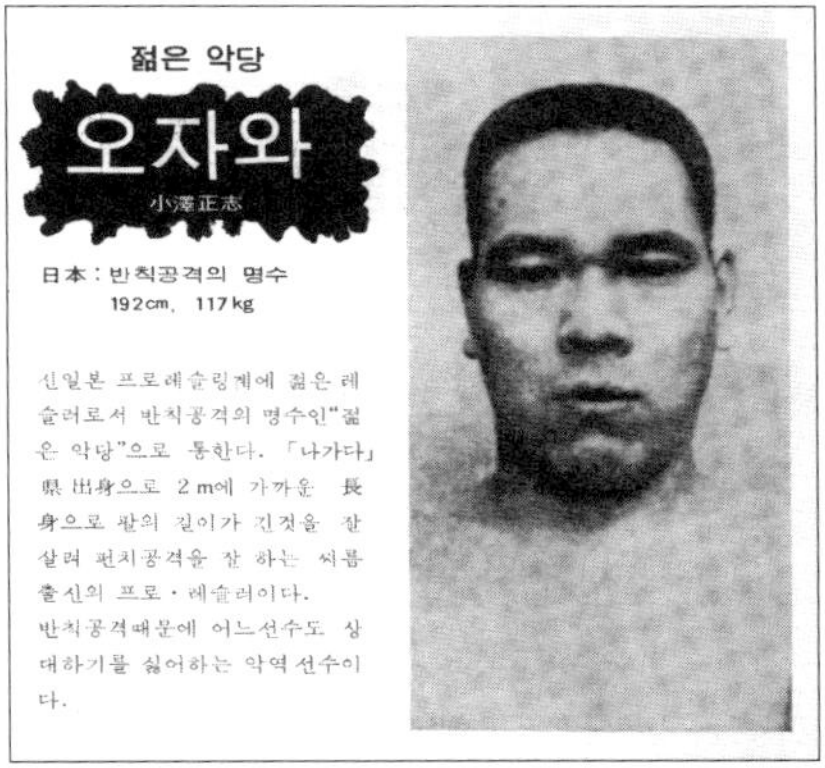

韓国の大会パンフレットに掲載された俺の写真とプロフィール。この遠征では散々な目に遭ったが、現地で俺はどのように紹介されていたのだろうか…。

その結果、馬場さんは日プロを辞めて、この年の10月に全日本プロレスを旗揚げすることになる。猪木さんと馬場さんが辞めてしまったことで、必然的に日プロのトップは大木さんと坂口さんということになった。急遽、アメリカにいた高千穂さんを呼び戻したが、これは誰がどう見ても緊急事態だ。危機的な状況がより深刻化したことは俺たち若手にも理解できたし、「会社の上層部は一体何をやっているんだ！」とイライラが募った。しかし、俺たちの立場では事の推移を見守るしかない。

そんな頃、試合を終えた吉村さんが胸を押さえながら控室に戻って来た。

俺はすぐにタクシーを呼んで、吉村さんを旅館まで連れて行った。いつもは旅館に着いたら、すぐに風呂に入るのだが、その時の吉村さんはしゃがみこんだまま、「小沢、ちょっと待ってくれ…」と苦しげな表情を浮かべながら肩で息をしていた。おそらく、アバラ骨にヒビが入ったのだろう。

俺は水道水や沸かしたお湯を患部に何度もかけ、痛みを和らげるように努めた。その結果、徐々に痛みは引いてきたようだが、この時に吉村さんが突然、俺にこう告げた。

「小沢、俺は長くない。もうすぐ引退するからな」

確かに俺が入門した頃に比べて、吉村さんの体力が落ちていたのは明らかだった。試合で受けたダメージも蓄積していたのだろうが、まさか「引退」という言葉を口にするとは思ってもいなかったから驚いた。

しかし、吉村さん自身は以前から引退についてタイミングを見計らっていたようだ。翌73年1月の引退発表記者会見で、吉村さんは次のように説明している。

「もはや肉体的に現役を続けることは、不可能ということを悟った。実は一昨年のワールドシリーズ戦中に負傷して長期欠場した時に、本気で引退を考えた」

ところが、吉村さんが引退を考え始めたタイミングで猪木さんが日プロを追放されてしまった。それにより、吉村さんは辞めたくても辞められない立場に立たされてしまったのだ。さらに吉村さんは会見の時に、こう言っている。

「騙し騙しやってきた。そうしたら、今度は馬場くんが独立し、日本プロレスはますます苦しい時代になった。できることなら、私はもっともっとプロレスを続けたいのだが、身体が言うことを聞かない。かといって、連戦ができず、タイトルマッチだけに出場しているということは、もはや良心が許さない」

こうした心情を早くから知っていた俺は自分の将来のことを考えるよりも、吉村さんが引退するまで責任を持って付き人としての使命をまっとうしようと決めていた。

結局、吉村さんは73年3月3日に母校の近畿大学記念館で引退試合を行い、プロレス界から身を引いた。

試合前、俺がコーナーに上がると、大木さんも上がってきた。大木さんの目には大粒の涙が光っていた。それだけ吉村さんはレスラーたちから慕われていたということだ。試合後に俺が付き人として吉村さんを肩車している写真は、今でも店に飾ってある。

吉村さんは引退した後、プロレスとは一切関わりを持たず、大阪で雀荘を始めた。現役時代から麻雀が大好きだった吉村さんにとって、雀荘経営は趣味と実益を兼ねた商売だった。

俺は新日本プロレスに移ってから、大阪遠征の際に吉村さんの雀荘を訪ねたことがある。吉村さんも新日本が大阪に来ることを知っていたようで、俺が突然、顔を出しても驚く素振りも見せず、「小沢、元気でやってるか?」と笑顔で歓待してくれた。交わした会話は近況報告など他愛ないものだったが、お世話になった吉村さんに挨拶ができて嬉しかった。

俺も引退後はプロレス界と距離を置いていたから、吉村さんとなかなか会う機会はなかったが、久しぶりに再会できたのは98年4月に猪木さんが東京ドームで引退興行を行った時のことだ。吉村さんは2003年2月に鬼籍に入られたので、お会いしたのはそれが最後になってしまった。

現役を退いた後、一切プロレスに携わらなかった吉村さんの生き方には、大いに共鳴するところがある。俺が現在でもプロレスに関わらない方針を貫いているのは、吉村さんの影響かもしれない。

付き人を務めていたこともあり、日本プロレス時代の思い出は吉村道明さんにまつわるものが多い。引退試合の時の吉村さんの写真は、店のカウンター脇の目立つ場所に飾ってある。

実は引退記念パーティーの際、俺は吉村さんから次のようなアドバイスを受けた。

「いいか、小沢。お前はもうすぐ26歳になるんだから、自分の進路は自分で決めろ。俺は猪木、馬場のどちらに付けとは言わないけれども、馬場の方が人間味があるぞ」

吉村さんはアジア・タッグのベルトを長く一緒に巻いていたこともあってファンからは猪木さんに近い存在と思われていたかもしれないが、実際は麻雀を通じてプライベートでは馬場さんの方と仲が良かった。吉村さんはマッチメーカーとして猪木さんをプッシュするためにタッグを組んで女房役をやっていただけで、個人的に仲が良かったわけでも何でもない。

もちろん、俺自身も同郷の馬場さんの方が好きだったし、どちらかを選ばなければならない状況が来たら、迷わず馬場さんの全日本プロレスに合流するつもりでいた。しかし、吉村さんの引退後、俺は坂口さんの付き人を務めることになり、このことが俺の運命を大きく左右してしまう。

第8章　俺の全日本プロレス合流は、馬場さんも了承済みだった

猪木さんと馬場さんが去った後もNETは日本プロレスの中継『ワールドプロレスリング』を続けていたが、当然のように視聴率はガタ落ちしてしまった。そこでNETは日プロと新日本プロレスを合併させて新団体を作り、これを独占放送しようと考えた。断われば、NETはプロレスの中継から手を引くという条件だったようで、日プロとしては呑む以外に選択肢はなかったのだろう。

この時は社長の芳の里さんではなく、坂口さんが日プロ側を代表して、猪木さんとの交渉にあたった。俺はその場にいたわけではないので、会談の詳細は知らない。日プロの一部には「猪木アレルギー」が根強く残っていたものの、もはやそんなことを言っている状況ではなかった。芳の里さん以下、幹部たちも合併を了承し、坂口さんと猪木さんが水面下で交渉を繰り返した結果、合意に達した。

そして73年2月8日、京王プラザホテルで猪木さんと坂口さんが共同で記者会見を開き、新団体設立が正式発表されたが、ここで大どんでん返しが起こる。韓国から戻ってきた選手会長の大木さんが合併の話を聞いて激怒し、強硬に反対したのだ。

大木さんの言い分は、「力道山先生の創った日本プロレスを守るのが筋。今さら猪木とは一緒にはできない」というものだった。合併を了承していたはずの芳の里さんもいつの間にか大木さんに

説得されてしまい、合併案は白紙に戻ってしまった。

困ったのは、ハシゴを外された形の坂口さんだ。会社を代表して交渉していただけに、これではＮＥＴにも猪木さんにも顔が立たない。

その一方で、日プロの先輩たちは坂口さんを「猪木とグルになって勝手に合併話を進めた裏切り者」と捉えて、敵視するようになった。

坂口さんは合併案がご破算になると、日プロに見切りをつけ、新日本に移籍することを決めた。猪木さん、馬場さんに続き、坂口さんが抜けたら、この会社はどうなるか。遅かれ早かれ、潰れるのは目に見えている。

俺は坂口さんの付き人をやっていた関係上、周囲から「坂口派」と見なされていた。だから、俺が坂口さんと行動を共にするであろうことは、日プロの選手たちの間で半ば常識となっていたはずだ。

実際に俺は坂口さんに連れられて、レフェリーの田中米太郎さん、大城、木村と新日本に合流することになった。いや、「行きたくないのに、巻き込まれてしまった」と書いた方が当時の俺の気持ちに忠実だ。

一介の若手だった俺にも意思はあるが、それを主張する権利はない。この時、坂口さんに対して「新日本には行きません。馬場さんのところに行きます」と言える図太い神経があったなら、俺の人生は大きく変わっていただろう。

実はこうした事態になる以前に、俺は馬場さんに連絡を入れ、全日本プロレス入りを直接打診したことがあった。馬場さんは大きな身体のレスラーが好きなこともあり、「小沢、待ってるから、いつでも来いや」と言ってくれた。

だが、まさか夜逃げをするわけにもいかない。もし俺が勝手に飛び出して全日本に合流したら、馬場さんは引き抜きの嫌疑をかけられ、日プロ側から余計に恨まれてしまう。

結局、俺は全日本へ行くタイミングを掴めないまま、いつの間にやら坂口さんたちと一緒に新日本に合流する流れができてしまったのだ。これは推測だが、俺たちを連れていくことがNETから坂口さんに提示された新日本移籍の条件のひとつだったのではないだろうか。NET側が支度金も用意したという話を聞いたこともあるが、俺は一銭も受け取っていない。

そんな中、松岡巌鉄さんやミツ・ヒライさんが「もし新日本に行くんなら、あいつらに制裁を加える！」と言っているという噂が聞こえてきた。この時期、実際に「坂口一派を狙え」という不穏なムードが漂っていたことは事実である。俺自身は特に身の危険を感じたことはないが、居心地は非常に悪かった。

そして73年3月8日、『ダイナミック・シリーズ』の最終戦を迎えた。会場は佐野市民会館。これが坂口さんや俺にとって日プロ最後の大会である。また、NETの日プロ中継も、この大会の収録を最後に打ち切られることになった。

当日、坂口さん、俺、大城、木村の4人は他の選手たちが泊まる旅館とは別のビジネスホテルで着替え、会場に入ってからも日本側の控室には入らなかった。一刻も早く会場を出たかったが、試合が組まれている以上、リングに上がらないわけにもいかない。

まず第1試合に出場した木村は伊藤正男と15分時間切れで引き分けとなり、俺は第2試合で羽田光男に勝った。どちらも「普通の試合」だった。

だが、続く第3試合は荒れた。大城が桜田の喧嘩ファイトでボコボコにされ、場外でノックアウトされたのだ。記録は桜田が「14分45秒、リングアウト勝ち」となっているから、会社はそう発表したのだろう。しかし、当時の若手の試合でリングアウト決着というのはまず有り得ない。

かばうわけではないが、俺の知っている桜田は元相撲取りで根性は座っているものの、自分から試合中にセメントを仕掛けるような人間ではない。おそらく先輩の誰かの命令でやらされたのだろう。小鹿さんが焚き付けたという説もあるようだが、俺には真相はわからない。いずれにしても、残留する選手たちの中で新日本行きを決めた俺たちに対する怒りは相当なものだったということだ。

メインの坂口さんの試合が終わった瞬間、俺たちはあらかじめ手配してあったタクシーに乗り込み、会場を一目散に飛び出した。俺たちはホテルに戻って着替えた後、そのまま坂口さんの自宅マンションに向かったと記憶している。

そして、俺、木村、大城は、その日のうちに坂口さんに連れられて新日本の合宿所を訪れた。待っていてくれたのは、小鉄さんと藤波選手だった。

「よく来てくれたな！」

2人は笑顔で歓迎してくれ、坂口さんは「こいつらがお世話になります」と頭を下げて自宅に戻った。

翌日、俺たち3人は坂口さんに連れられて、今度は代官山の日プロ事務所に向かった。退団の挨拶のためである。

当然ながら、社長の芳の里さんは怒り心頭だった。日プロは入団時から坂口さんにかなりの投資をしており、これからという時に若手を引き連れて出て行ってしまうのだから、俺は芳の里さんの気持ちもわかる。

この翌月、日プロは活動停止に追い込まれた。事実上の崩壊である。猪木さんと馬場さんが抜けて、お客さんが全然入らなくなっていたところに、坂口さんにも去られ、NETのテレビ中継も打ち切られてしまったのだから、興行を続けて行けるはずがない。俺が思うに、最後まで残った選手たちも気持ちはバラバラだったはずだ。

ただ、少なくとも俺が抜けた時点までは選手たちにギャラが支払われていたし、減給も遅配もなかった。経営状態はかなり悪化していたはずだが、このことは芳の里さんの名誉のためにもきちんと書き記しておきたい。

俺自身の考えでは、日プロが崩壊した最大の原因はスーパースターの馬場さんがいなくなったことだ。やはり、この時代は猪木さんより馬場さんの方が集客の要だった。

俺たちが合流した時、新日本プロレスは旗揚げしてから約1年経っていた。経営的に苦しい状況が続いていたようで、だからこそ日プロとの合併話にも乗って来たのだろうし、テレビ中継は何としても欲しかったはずだ。実際に坂口さんが合流したことで、NETの『ワールドプロレスリング』は4月から新日本の中継に移行し、団体経営は好転し始める。

よく考えてみれば、俺は坂口さんから「付いてこい」と言われた記憶はない。逆らえない雰囲気の中、気が付いたら新日本の合宿所にいたというのが実感だ。

だが、もしあの時に自分の気持ちに正直になり、全日本に行っていたとしたら、『キラー・カーン』というレスラーが誕生することはなかっただろう。それを考えると、新日本に行って結果オーライだったのかもしれないが、俺の中で坂口さんに感謝の気持ちは一切ない。

第9章　「小沢、お前ならニューヨークに行くのも夢じゃない」

俺が合流した頃、新日本プロレスには猪木さんと行動を共にした小鉄さん、木戸さん、藤波選手の他にも、それなりにメンバーが揃っていた。

猪木さんの除名騒動の時にメキシコで修行中だった北沢（魁勝司）さんと柴田さんに加え、新日本に新弟子として入門したリトル浜田（グラン浜田）、荒川誠（真＝ドン荒川）藤原喜明、小林邦明（現・邦昭）、栗栖正信（現・正伸）などが所属していた。旗揚げに参加したユセフ・トルコさんの姿は、すでになかったと記憶している。

藤原や荒川はほぼ同年代だし、俺は共同生活に慣れていたので、新しい環境にも自然に溶け込めた。あの頃、レスラーの中で特に親しかったのは浜田と藤波選手だろうか。

俺は73年3月30日の『ビッグ・ファイト・シリーズ』第1戦から、新日本のリングに上がることになった。この日の会場は、大田区体育館。俺は第3試合で北沢さんと対戦した。

ちなみに、翌日は小鉄さん、その翌日は藤波選手との対戦が組まれた。当時は小鉄さんがマッチメークをしていたが、いきなり新日本生え抜きの新人レスラーと当てなかったのは、俺のキャリアを考えた上での配慮だったのかもしれない。

坂口さんは別格だが、新日本生え抜きの選手から見れば、日本プロレスから来た俺は「外様」に

新日本プロレスに合流後、道場の前で当時の若手選手たちと記念撮影。俺をこの世界に導いてくれた北沢幹之（魁勝司＝後列右から２人目）さんの姿も見える。

なる。だが、プロレスの世界に入ったのは俺の方が早いし、年齢も上だったから、大抵のレスラーは「小沢さん」と呼んでくれた。逆に俺は藤原にしろ、誰にしろ、さん付けで読んだことは一度もない。

　新日本は少人数で旗揚げしたから、藤波選手は単純にレスラーの数が増えて嬉しいと思っていたそうだが、若い選手たちの中には「余計な奴が入ってきた」と考えていた者もいただろう。ただ、俺は年齢もキャリアも上だから、余裕を持って彼らと接することができた。

　逆に木村や大城に対して、特に仲間意識みたいなものは持っていなかった。俺の中で、自分は「坂口派」だという意識は今も昔もまったくない。この頃の木村の坂口さんに対するゴマ擦りは、目に余るものがあった。

4月5日のシリーズ第4戦は、約1ヵ月ぶりの再訪となる因縁の栃木県佐野市だった。ここで俺は初めて新日本生え抜きの選手と当てられた。相手は藤原で、俺は新日本所属として初勝利を挙げることができた。

日プロから新日本に合流した当初、俺は先輩レスラーには勝てず、キャリアが下の藤原に勝ったり負けたりというポジションに置かれた。だが、続く『ゴールデン・ファイト・シリーズ』では藤波選手に勝つこともできたし、外国人レスラーとの対戦も組まれたから、決して冷遇されていたわけではない。

末期の日プロとは違って、新日本は若い人間も多く、活気があった。やはりNETのバックアップが付いたことで、選手の誰もがやる気満々だったのだろう。会場へ行くと、「新しいものが始まる」というファンの期待感を客席から感じたものだ。

新日本は猪木さんと坂口さんの二枚看板になったとはいえ、実質的には社長の猪木さんがトップである。俺が日プロの若手だった頃、猪木さんは「雲の上の人」だった。しかし、新日本に移って距離は一気に縮まった。猪木さんは野毛の道場でよく練習していたし、雑談をしながら一緒にちゃんこを食ったりすれば、親近感が増すのは当然だ。

俺は新日本に来てから、猪木さんの身の周りの世話をやっていたこともある。俺の他にも付き人は何人かいたが、風呂に入った時に猪木さんの背中を流していたら、こんなことを言われた。

「小沢、お前はもっと身体を大きくすれば、海外でもやって行けるはずだ。俺には夢かもしれんが、お前ならニューヨーク（WWF）に行くのも夢じゃない」

この猪木さんの言葉は、今でも耳に残っている。その時はまさか自分がＷＷＦで活躍できるレスラーになれるとは露ほども考えていなかったが、若手の俺にとっては大きな自信に繋がった一言だった。

この頃の猪木さんは、「１００％プロレスラー」だった。まだおかしなサイドビジネスに手を出しておらず、どうやって観客を入れようか、どうやって視聴率を上げようか、馬場さんの全日本プロレスに勝つにはどうすればいいか——。頭の中は、それだけだったはずである。

先ほども書いたが、当時は浜田と仲が良かった。あいつとは試合でも手が合ったし、プライベートでも相性は良かった。

改めて説明するまでもなく、俺は身体が大きい。一方、浜田は「リトル」を名乗るほど小柄なレスラーだ。俺と浜田が試合をすると、この体格のアンバランスさが大ウケだった。実際に、俺たちの対決は「前座の名物」と言われていた。

例えば、俺が浜田の腹を殴ってコーナーに追い詰める。すると、浜田が姑息にも俺の足を踏んでくる。俺が痛がって足を上げると、浜田が片足立ちの俺の腹を張る。最後に俺がケツから落ちると、お客さんは大喝采だ。

俺から見ると、浜田だけでなく、新日本の若手は小さい選手が多かった。日プロには戸口さん、轡田さん、羽田のような大きなレスラーがゴロゴロいたから余計にそう思ったのかもしれない。

そんな時代だったら、浜田のような小さな人間はレスラーとして認められなかっただろう。新日本で少し大きいのは藤原ぐらいだったが、当時はまだ線が細かった。そういう状況だったからこそ、新日本は俺のような大型の選手が欲しかったのかもしれない。

新日本に入ってから、俺のレスラー人生を語る上で欠かせない重要人物と出会った。カール・ゴッチさんである。あの頃、ゴッチさんは来日すると、夜は京王プラザホテルに泊まり、昼は野毛の道場に来ていた。

ゴッチさんは、物事に一生懸命に取り組む人間を評価する。俺は身体が大きいから、付いていけない練習メニューもある。例えば、スクワットを1000回やれと言われ、900回ぐらいしかできないとしても、必死で食らいついていき、自分の限界まで頑張れば、ゴッチさんはその姿勢を認めてくれるのだ。

ゴッチさんが最も嫌うのは、何でも要領よくこなしてしまうタイプの人間だ。この点は、猪木さんもまったく同じだった。ゴッチさんは、「日本人は真面目で、どんなことも手を抜かずに取り組もうとする。だから、私は日本人が好きなんだ」とよく言っていた。ゴッチさんは俺がプロレスラーとしてブレイクするきっかけを作ってくれた人であり、アメリカ時代も個人的な交流が続くのだが、その話は後述しよう。

俺が新日本に合流した73年の暮れに、ある若者が入団してきた。前年のミュンヘン五輪でアマレスの韓国代表だった吉田光雄、後の長州力である。

俺は長州が新日本にスカウトされ、華々しく入団してきたことについて特に何とも思わなかった。身長は低いし、華もなく、まるでスター性を感じなかったというのが正直な感想である。

長州は翌74年8月にデビューすると、すぐに海外武者修行に出された。新日本の若手で海外に送られたのは、彼が初めてである。言わばエリートコースに乗せられた形で、いずれ売り出されるのは誰の目にも明らかだった。

他の若手の中には「こういう奴に抜かれていくんだろうなあ…」と気落ちした人間もいただろうし、「特別扱いされやがって！」と腹を立てた人間もいただろう。ただ、これは短所なのか長所なのかわからないが、俺は誰に対してもライバル心を持たないところがある。

俺は基本的に平和主義者で、出世したいという欲はないこともないが、人を押しのけてまでトップに立ちたいという気持ちはない。昔の新日本は自己主張の強いレスラーばかりが揃っていたと言われているようだが、俺自身はある人にそう指摘されて初めて気付いたくらいで、昔から周りがあまり気にならないし、何が何でも伸し上がりたいというタイプではない。

「俺はプロレスに向いていないかもしれないな…」

今だから明かすが、実は新日本に来てから自分の将来について悩んだことは何度かあった。こういう世界でやっていくには、やはり性格が温厚すぎるのだ。俺にも「海外に行きたい」という夢はあったが、具体的な目標を立てていたわけではなく、この頃は組まれた試合を黙々とこなしていただけだったような気もする。

第10章　山本小鉄さんに酒樽で頭を殴られる

俺が新日本に来た73年と言えば、タイガー・ジェット・シンが初登場した年でもある。11月には新宿伊勢丹前で買い物中の猪木さんを襲撃する事件を起こし、世間の耳目を集めた。以降、猪木さんとシンの対決は黄金カードとなり、会場には多くの観客が詰めかけるようになった。

シンが初参加した春の『ゴールデン・ファイト・シリーズ』で、俺は外国人レスラーとのカードが組まれるようになった。初めて対戦したのはスコットランド出身のロベルト・ブルースという選手で、結果は俺が負けている。このシリーズではシンともシングルマッチが組まれ、コブラクローで当然のように負けた。

外国人初勝利の相手は、秋の『闘魂シリーズ』に来日した中国系メキシコ人のハム・リーという選手だった。この時、彼は「エル・サント」を名乗っていたが、あのメキシコの伝説的なレスラーとは同名異人である。早い話が偽者だ。

俺は身体が大きかったこともあってか、頻繁に外国人レスラーとの対戦が組まれるようになった。当然、勝率は悪かったが、猪木さんのライバルのジョニー・パワーズともシングルで戦っているし、往年の名選手ジョニー・バレンタインとも肌を合わせたことがある。

やはり外国人に当てられると、レスラーとして自信がついてくるものだ。ジョニー・バレンタイ

タイガー・ジェット・シンが初参加した73年春のシリーズのオフショット。シンの右隣にいるのが初めて俺が対戦した外国人レスラーのロベルト・ブルースだ。

俺とグラン浜田（当時はリトル浜田）は、新日本プロレスの若手時代から落語の立川談志師匠に可愛がってもらった。師匠の仲介で、子供の頃から憧れていた歌手の三橋美智也さんに会わせてもらったこともある。

ンは俺が最後に出場した日本プロレスのシリーズで、外国人側のエースだったビッグネームである。迫力のあるレスラーで、いきなりバチーンと思い切り殴ってきたから、ちょっと戸惑ってしまったものの、こんな大物と戦わせてもらえること自体が嬉しかったし、自分の力量を知ることもできた。

巨漢の双子兄弟マクガイヤー・ブラザーズと変則マッチで対戦したこともあるが、はっきり言って漫画のような試合で、自分にとってプラスになるものはなかった。彼らはバイクに乗って入場することからもわかるように、一種の見世物的な位置付けのレスラーだ。マクガイヤー兄弟の世話は北沢さんがやっていたのだが、トイレに入るのも一仕事で、相当大変だったらしい。

74年の春には、1対2の変則マッチで何度かアンドレ・ザ・ジャイアントと対戦する機会を得た。俺のパートナーは、小鉄さんや柴田さんだった。

先ほども書いたように新日本の選手は身体が小さいから、大きな外国人が来た時は強い弱いは別にして、体格負けしないという意味で俺にチャンスが回ってきた。もしアンドレと浜田が戦ったら、これも漫画になってしまう。

アンドレとは74年11月24日、鹿児島県川内市体育館でシングルマッチも組まれた。5分半で負けてしまったが、アンドレはキャリアの浅い俺を巧みにリードしてくれたし、自分なりに試合を成立させることができたから大きな自信に繋がった。

「アンドレは頭が良かった」とよく言われるが、まったく異論はない。アンドレはプロレスというものをよく知っていた。当時、日本のファンは彼を怪物レスラーとして見ていたはずだが、実際には相手を引き立てながら、魅せる試合をちゃんと作れるプロレスの達人である。

しかも、アスリートとしても優れており、あれだけ大きいのにスピードも早い。リングサイドで小柄な星野さんが全力で逃げても、大股で足も速いアンドレにすぐ捕まってしまうほどだ。

この頃の俺の体重は、まだ100キロぐらいだっただろうか。日本人では、先輩の北沢さんに試合で勝てるようになった。今では北沢さんの現役時代を知らないプロレスファンも増えただろう。性格は温厚だが、リングに上がれば痛いチョップを容赦なく打ちこんでくる厳しいレスラーだった。

俺や木村、大城が合流して頭数が増えたこともあり、74年10月に新日本はある企画を立ち上げた。若手選手の登竜門という位置付けで始まった『第1回カール・ゴッチ杯争奪戦』である。

出場選手は俺の他、藤波選手、浜田、荒川、藤原、栗栖、大城、木村、ドナルド・タケシさんの9名。総当たりのリーグ戦で、優勝者には「優勝ジャケット」が贈られることになった。

最初の公式戦で俺は藤波選手に逆エビ固めで勝利し、幸先の良いスタートを切った。この時は試合の内容も良かったという記憶がある。

最終的に俺の成績は木村に敗れただけの7勝1敗

俺が最も尊敬するプロレスラーは、北沢幹之さんである。俺にとって大恩人になるが、北沢さんは決して偉ぶることなく、新日本プロレスに合流してからも常に気遣ってくれた。

で、同じ星勘定の藤波選手と再び決勝戦で相まみえることとなった。決勝戦が行われたのは12月8日、愛知県刈谷市体育館。レフェリーは猪木さんが務め、結果は10分37秒、逆さ押え込みで俺が負けてしまった。優勝した藤波選手は、翌75年に木戸さんと共に西ドイツへ修行に出ることになる。

後に藤波選手はWWFジュニアヘビー級王者として華々しく凱旋帰国し、アイドル的な人気を得るが、この当時から女の子のファンが付いていた。マスクもいいし、運動神経も良く、筋肉の付き方も女性好みだったのかもしれない。お客さんの目を惹きつけるという意味では、日プロの若手時代から藤波選手は光るものがあった。

この直後、新日本は初めてのブラジル遠征を行った。猪木さんにとっては、第二の故郷での初の凱旋興行だ。当然、俺も同行したが、この時にカール・ゴッチさんとのシングルマッチが組まれた。嬉しかった反面、その強さを身を持って知っていたので怖かったことを憶えている。

もちろん、別にシュートで来るわけではないが、俺も青かったから何をしてくるか読めなかった。ただし、俺が闘争心を剥き出しにして向かって行っても、軽く受け流されるような試合になることはわかっていた。実際、俺は試合中にされるがままだった。正直な話、ポーカーフェースで気迫を出してこない相手とは試合がやりにくい。言うまでもなく、ゴッチさんが俺の良さを引き立ててくれるような場面はなかったと記憶している。

ちなみに、この試合が行われたのは12月19日、ロンドリーナのモリンゴン・スタジアムで、結果は僅か6分9秒で俺が小包固めで丸め込まれた。これが俺とゴッチさんの最初で最後の対戦である。

このブラジル遠征では、小鉄さんともシングルで戦った。日本でも小鉄さんとは何度も対戦して

74年12月には新日本プロレスのブラジル遠征に同行し、俺は“プロレスの神様”カール・ゴッチさんとシングルマッチで戦った。その帰りにラスベガスに立ち寄って、選手たちと一緒に遊んだことも忘れられない思い出だ。

いるが、やはり試合をするのは怖かった。とにかく小鉄さんはチョップでも何でも容赦なくバチンバチン入れて来る。もちろん、俺もやり返したし、小鉄さんもそれを望んでいた。もし今のプロレスでよく見られるハエ叩きのようなチョップをやったら、小鉄さんにぶん殴られていただろう。

あれは秋田で対戦した時のことだ。試合中、小鉄さんにリングサイドの本部席のところまで引っ張られ、そこに置いてあった贈呈品の大きな瀬戸物の酒樽で頭を思い切り殴られた。その樽はむしろで覆ってあったので皮膚は切れなかったが、瀬戸物は粉々に割れて、俺は全身酒まみれである。

小鉄さんは道場のコーチとして下の人間にナメられまいと、こんな厳しい攻撃に出たのだろう。俺たちは誰もナメはしなかったが、これは問答無用の反則だ。しかし、敢えて若手にそんな攻撃を加えるのが小鉄さんである。そこにはおそらく身体の小ささもコンプレックスとしてあったと思う。

小鉄さんはプライベートでも厳しかった。俺たちが若手の頃は日プロ時代と同じく、巡業中は試合が終わったら旅館の大広間で宴会になることが多かった。たまに若手陣が酒を飲んで大暴れしていたと勘違いしているプロレスファンがいるが、この時代はそんなことはほとんどなかった。理由は簡単である。酒の席で粗相をしたら、即座に小鉄さんにぶん殴られるからだ。

あの頃の若手で酒が入ると、やっかいだったのは栗栖だろうか。普段はいい人間なのだが、どうも酔うと気が大きくなるタイプのようで、態度も言葉遣いも偉そうになってくるから、小鉄さんによく引っ叩かれていた。

さて、そんな若手たちの登竜門『カール・ゴッチ杯争奪戦』は75年に第2回大会が開催され、俺も再びエントリーされた。

他に出場したのは荒川、大城、木村、栗栖、藤原、小林の計7名。前年に準優勝した俺は大本命と目されていたが、公式戦で荒川と藤原に敗れ、さらに木村と引き分けて決勝に進めなかった。

ちなみに決勝は藤原と木村の間で争われ、勝った藤原が西ドイツ遠征の切符を手にした。浮上のチャンスだった第1回大会で藤波選手に敗れ、今度は藤原に先を越されて、さすがに俺も落胆し、やはりプロレスは向いていないかもしれないと再び弱気になった。

この75年には、俺たちに新しい仲間が加わった。後にタイガーマスクとして大ブームを巻き起こす佐山聡である。

佐山はプロレスラーになりたくて、新日本の営業本部長であり、猪木さんの懐刀だった新間寿さんに「入門させてください」と手紙を送っていたそうだ。しかし、身長も体重も規定に満たなかったので入門は許可されなかった。

ところが、どうしても新日本に入りたかった佐山は、一人で後楽園ホールに直談判に来た。ちょうど若手が開場前に練習をしている時間で、新間さんは俺たちにこう言ってきた。

「あの子にスクワットを500回ぐらいやらせてみろ」

どうせダメだろうと思いつつ、佐山にスクワットをやらせてみたら、簡単に500回まで付いてきたから驚いた。さらに600、700と回数を増やしても、まだ付いてくる。その結果、佐山は新日本に入門できることになり、野毛の合宿所に入って来た。

新日本にいた選手で、佐山のことを悪く言う奴はいないはずだ。最初の頃はそれほど目立つ存在ではなかったが、誰もが驚くほど自由に自分の身体を動かすことができた佐山は、当時から「それまでにいなかったタイプのレスラー」だった。

改めて俺が言うまでもないが、佐山の運動神経は素晴らしいものがある。ただ、「これで身長が190センチぐらいあったらなあ」というのが俺の本心だった。結局、佐山はあの身体のままスーパースターになったが、当時はジュニアヘビー級という階級がなかったから、俺と同じことを考えていた人間は多かったはずである。

第11章　至近距離から見たアントニオ猪木vsモハメド・アリ戦

76年になって、新日本プロレスは新機軸を打ち出した。猪木さんが異種格闘技戦をやり始めたのだ。俺自身が他ジャンルの格闘家と戦うことはなかったが、無関係というわけでもないので当時の思い出を綴ってみたい。

6月にプロボクシング世界ヘビー級王者のモハメド・アリと対戦することが決まった猪木さんは、その流れの中でまずは2月に日本武道館で柔道家のウイリエム・ルスカと戦った。ルスカは奥さんが病気で金に困っていたという。実際、新日本はルスカにかなりのギャラを払ったはずだ。

猪木さんとルスカの対決は『ワールドプロレスリング』の史上最高視聴率を獲得し、その記録はいまだに破られていないと聞いた。この事実は、「プロレスと柔道のどちらが強いか?」というテーマが世間に届いたことを示している。

ルスカが単なるアマチュアの柔道家ではなく、ミュンヘン五輪で無差別級と重量級の2階級を制した文句なしの「世界一」だったことも大きかったはずだ。巧みな煽り方だとは思ったが、正直に言うと、一時代を築いたスポーツ選手が金のためにああいうことをやるべきではないというのが俺の持論だ。

それはともかく、この時期の猪木さんはプロレスを世間に認めてもらうために、いろいろなことを考えていた。この異種格闘技戦も、その一環である。アメリカでは異種格闘技戦はアトラクション的な要素が強いのだが、日本のファンはジャンルを背負った果し合いのようなイメージで捉えていたから、猪木さんはしてやったりという心境だったろう。

猪木さんに敗れたルスカは、最終的にプロレスラーになった。よほど金に困っていたのかもしれない。俺も野毛の道場で肌を合わせたことがあるが、恐ろしく力が強かったし、とんでもない実力を持った格闘家だということは組んだ瞬間にすぐわかった。これは他の新日本の選手に聞いても、同じことを言うはずだ。

彼は「赤鬼」というニックネームだったが、スパーリングをやっているうちに顔が紅潮し、本当に赤鬼のような形相になる。誰とは言わないが、柔道上がりのレスラーはプロレスが下手な選手が多く、ルスカも例外ではなかったが、格闘家としての技術は並みのレスラーとはレベルが違った。俺は試合でも何度かルスカと対戦させてもらったが、パワーという点ではやはり別格だった。

さて、異種格闘戦のハイライトは6月26日に日本武道館で行われた猪木さんとモハメド・アリの一戦である。この試合も世間から大きな注目を集め、アメリカにも衛星中継された。

「猪木さんは凄いな！」

これは当時の俺の素直な気持ちである。ボクシングの現役世界ヘビー級チャンピオンがプロレスのリングに上がって試合をするとは、誰も予想できなかったはずだ。しかも上がるのは新日本のリングで、対戦相手は失礼ながら世界的には無名と言ってもいい猪木さんである。

実はアリ戦の前、俺は道場で猪木さんの練習相手を務めたことがある。プロテクターを太ももに装着して、その上にタオルを巻き、さらに両手にボクシングのグローブを着けて、リング上で猪木さんと対峙したのだ。

要は仮想アリというわけだが、実際にはキックの実験台みたいなものだ。本番の試合でも繰り出した猪木さんのスライディングキックは、相当な威力があった。これは猪木さんを持ち上げようとして、大袈裟に言っているわけではない。打たれた瞬間に倒れてしまったぐらい猪木さんのキックは本当に痛かった。

この時、俺は猪木さんの勝利を確信した。

「猪木さん、このキックでアリは倒れますよ！」

その倒れたアリの腕を取って極めてしまえば、猪木さんの勝ちは間違いない。今でもあの試合に関してはいろいろと臆測がなされるが、当時の俺は真剣勝負だと100％信じ切っていたし、その一方で「これでボクシング界は大変なことになる」と本気で心配したものだ。

その後、後楽園ホールで行われた猪木さんとアリの公開練習、テレビで生中継された公開調印式の時も俺はその場にいた。不測の事態が生じた時に、猪木さんの身を守るのが俺の役目だ。

「アリ戦が終わるまで、猪木さんに何かあってはいけない」

試合当日まで、俺の緊張は続いた。何しろ相手側には大人数の取り巻き、通称「アリ軍団」もいた。こいつらの正体は、いまだにわからない。拳銃を持っているという噂も流れたが、俺たちとアリ軍団の間には常にピリピリとした空気が立ち込めていた。

あの日、猪木さんとアリがリングに上がった瞬間の背中がゾクッとした感覚は今でも忘れられな

76年6月26日に日本武道館で行われたアントニオ猪木 vsモハメド・アリの格闘技世界一決定戦。俺は猪木さんのセコンドとして、その一部始終をリングサイドで見届けた。

い。近年になって試合映像がテレビで再放送されたり、ＤＶＤ化もされたようなので、ご覧になった方も多いだろう。猪木さん側のコーナーには、セコンドに付いたゴッチさん、坂口さん、小鉄さんと共に俺の姿もあるはずだ。

ご存知のように、試合は終始、猪木さんが寝転がった状態で、執拗にアリの太ももや膝裏を蹴るという展開となった。俺はリングサイドにいたので、ラウンドが進むにつれてアリの足が赤みを増し、ミミズ腫れのようになっていくのがよく見えた。俺自身、猪木さんのキックの威力は身をもって知っている。いつまでもアリは耐えられないだろうと思いながら、固唾を飲んで見守っていた。

結局、試合は膠着状態のまま15ラウンドが過ぎ、終了のゴングが鳴ってしまった。

「ああ、やっぱり2人はこういう試合しかできないんだろうな」

それが俺の率直な感想だ。今振り返っても、同じ言葉しか出てこない。どちらかを「殺す」わけにはいかないのだ。

アリはボクシング界の頂点に立っていた人間である。あの時、「世界王者のアリが東洋の無名のレスラーに負けた」ということになったら、それこそボクシング界は終わっていただろう。

一方の猪木さんもプロレスを背負った立場であり、この試合ではプロモーターも兼ねていた。選手として負けは許されないという状況はアリと同じだったが、新日本の社長として興行を無事に開催することも最重要事項のひとつだったのだ。

その結果、お互いに傷をつけないような試合になってしまった、というのが俺の解釈だ。

「猪木vsアリ戦40周年」ということで2016年に当時のアリ側のセコンドの声を日本語に訳して、この一戦を再放送するという番組をテレビ朝日が製作した。俺も観たが、確かに向こうのセコンドが「真剣勝負」と捉えていたことは間違いない。しかし、今から考えると、アリも猪木さんも「とにかく15ラウンドはやり切ろう」という気持ちの方が強かったのではないだろうか。

もちろん、試合前にルール問題で揉めていたことは事実である。ルールを決める交渉の中でアリ側は「自分たちに不利な条件なら、試合をやらずに帰国する」という姿勢を見せていたという話は俺も耳にしていた。新日本としては、とにかくアリをリングに上げることが最優先だったのである。

最終的に猪木さんがアリ側の条件をすべて呑んで、何とか試合にこぎつけることができた。

アリの立場に立てば、この試合で大金をもらえるにしても、負けた場合のリスクはあまりにも大きい。

猪木さんの立場に立てば、アリが試合をやらずに帰国してしまった場合、ファンの期待を裏切ったというだけでは済まず、30万円で売ったリングサイド席の払い戻しなどを含めて金銭的に大きな損害を被ってしまう。

俺はセコンドに付いていたといえ、猪木さんの心の奥底にあった感情まではわからない。試合前に猪木さんが鉄板入りのシューズを用意していたという噂も流れたようだが、少なくとも俺は見たことがない。試合後の控室は報道陣が押し寄せて大混乱となり、猪木さんの顔も見えないような状況だった。

猪木vsアリ戦は確かに世間では「世紀の茶番劇」などと言われて不評だったし、新日本も多額の借金を背負うことになった。ただし、これだけは言える。

「ああいう結果に終わったが、プロレスファンは新日本から離れなかった」

巡業で全国を回っていた俺から言わせれば、あのアリ戦はその後の観客の入りに、それほど影響はなかった。

あの時、猪木さんとアリがルールもリスクも関係なしに「本気」で戦っていたら、果たしてどちらが勝ったのか。俺は、今でも時々そんなことを考えてしまう。

第12章　「もしかしたら、今回は猪木さんが負けるんじゃないか…」

猪木さんとアリが戦ってから2ヵ月後、76年8月に俺と藤原は意気揚々と西ドイツに乗り込んだ。本来は『第2回カール・ゴッチ杯争奪戦』を制した藤原のご褒美なのだが、会社が温情をかけてくれたのか俺も一緒に行くことになったのだ。

前年には、木戸さんと藤波選手が西ドイツに行った。この時、初めて俺の中で「海外修行」が単なる夢ではなく、現実的な目標となった気がする。この時代は海外を2〜3年転戦して、やっと一人前のレスラーとして認められる。

「小沢、お前も西ドイツに送ることになったからな。用意しておけ」

会社からそう告げられた時は、目の前に明るい光が差し込んでくる感覚に陥った。俺たち若手がステップアップしていくには、日本で黙々と試合をこなしていても限界がある。

西ドイツのプロレスは日本で行われる興行とは形式が違っており、基本的に一定期間、一ヵ所に留まってトーナメント（リーグ戦）を行う。試合は5分5Rのラウンド制で、倒れた相手を蹴ってはいけないなど独自の制約があった。

俺がサーキットしたのは、シュンステル、ヴィスバーゲン、ニュルンベルグ、そして最後はミュンヘンだった。プロモーターはグストル・カイザーという人物で、俺は英語もドイツ語もまったく話せなかったが、ゴッチさんのブッキングだったからか紳士的に接してくれた。

トーナメントに参加していたレスラーは、十数名だったと記憶している。俺はシュンステルのトーナメント以外で、いずれも6位という成績に終わった。ちなみに、藤原はどのトーナメントでも入賞していない。昔のことで記憶が薄れている部分があるが、確かシュンステルではホースト・ホフマンが1位、ニュルンベルクではクリス・テイラーが1位だったと記憶している。

向こうで素晴らしいと思ったレスラーは、やはり現地でトップを張っていたホースト・ホフマンだ。レスリング技術も優れていたが、特に感心したのはヨーロッパ式のかち上げるエルボースマッシュである。タイミング、フォーム、そして胸に当たった瞬間の「音」などすべてが素晴らしく、しかも彼の場合は相手も動いている中でミスをせず常に的確に決める。身体も大きいし、スープレックスも説得力抜群で、他のヨーロッパのレスラーと比べても迫力は群を抜いていた。

クリス・テイラーもミュンヘン五輪でアマレスの銅メダリストだったから、現地では有名だった。彼は身体がデカイだけでなく、顔もデカイから、初めて見た時は、「アメリカにはこんな怪物みたいなヤツがいるんだな…」とちょっとたじろいだ。

他にはスティーブ・ライト、オットー・ワンツ、ミッシェル・ナドール（マイケル・ネイダー）、イワン・ブレストンといった選手たちが参加しており、俺と藤原は彼らと一緒に各地を回った。

日本ではそれほど外国人のトップレスラーと対戦したことがなかった頃なので、毎日の試合は文字通り修行になった。西ドイツでは、ベビーフェースとヒールの区分はほとんどなかったような気がする。ドイツ人は第二次世界大戦で日本と同盟を結んでいたこともあって、俺たちに対して好意的だった。

ただ、ラウンド制は初めてだったから、その部分は非常にやりづらかった。途中でインターバルが入ると、それまでの流れが止まってしまうし、通常のプロレスとは試合の組み立て方を変えなければいけない。この頃の俺には、客席の反応を見ながら試合を盛り上げるという余裕はまだなかった。

向こうでは、藤原との対戦が組まれたこともある。この時は、日本流の試合をたっぷり披露できた。お互いに手の内を知り尽くしていたから、いい試合になるのは当然だ。戦いながら良さを引き出し合い、気持ち良く試合を終えると、プロモーターのカイザーは俺たちのファイトをベタ褒めしてくれた。

西ドイツには3ヵ月ほどいたが、現地の料理は美味しかった。ハムやソーセージの類、そしてビールは絶品である。向こうのスーパーで醤油が売られていたので、俺はそれを買って持ち歩いた。醤油をかけて食べると、どんな料理も日本的な味になる。それを見て、藤原も同じことをやっていた。

そんなドイツ遠征を終えて帰国した俺を待っていたのは、まさかのご褒美だった。

『闘魂シリーズ第2弾』第2戦となる10月31日、大和市車体工業体育館。この日、俺の凱旋試合はメインイベントで組まれ、しかも猪木さんと初タッグを結成することになったのだ。相手はパット・パターソン&リッキー・ハンター。このシリーズでは、ちょうど前座で『第3回カール・ゴッチ杯争奪戦』の公式戦が行われており、去年までそこに出ていたことを考えると随分な出世だ。

このカードを目にした時は、内側から闘志が湧いてきた。それと同時に、パートナーとして猪木さんに迷惑をかけてはいけないという気持ちももたげてきた。例の神経質な部分である。そんなことばかり考えていたせいか、この試合で自分が何をやったのか一切憶えていない。猪木さんや小鉄さんに怒られた記憶はないから、少なくとも足手まといにはならなかったのだろう。

いずれにしても、会社がドイツ帰りの俺をプッシュしようと考えてくれた結果がこのカードだ。このシリーズでは同じく藤原も猪木さんとタッグを組んで、メインに出た。

ドイツに行く前に、俺はスポーツ紙にも「前座の大型人気レスラー」という見出しで紹介されたりもしていた。これで俺は「中堅」とまではいかないが、「若手」という枠からは一歩抜け出したポジションに上がったと言える。

この年の暮れには、猪木さんのパキスタン遠征にも同行した。猪木さんの相手は、現地の格闘家アクラム・ペールワンである。

彼の兄弟たちも格闘家で、ペールワン一族（ボル・ブラザーズ）はパキスタン国内で有名な存在だった。その中でもアクラムは特に英雄視されている実力者という触れ込みで、アリ戦で世界的に名前を売った猪木さんに試合のオファーを打診してきたのだ。

猪木さんに同行するのは奥さんの倍賞美津子さん、新間さん、レフェリーのミスター高橋さん、選手では永源さん、藤原、そして俺が選ばれた。俺の役割は、「用心棒」である。身体が大きいから相手に威圧感を与えられるし、相撲上がりだから身体も頑丈だ。

パキスタン行きが決まると、新間さんは恐ろしい言葉を口にした。

「万が一、向こうで小沢の身に何かあっても、お袋さんにはそれなりのことをするからな」

確かに向こうの英雄と戦うわけだから平穏無事には済まないかもしれないが、別に猪木さんが殴り込みをかけるわけではなく、ペールワン一族の招聘にビジネスとして応じただけのはずである。だから、この新間さんのセリフには驚いた。それと同時に、「もしかしたら、今回は猪木さんが負けるんじゃないか…」という考えが俺の頭をかすめた。

決戦の日となった12月12日、カラチのナショナル・スタジアムは見渡す限り、パキスタン人で埋まっていた。発表では7万人が集まったらしいが、実感としてはもっと多かったような気がする。いずれにしても、あれほどの大人数が一ヵ所に集まっている光景を見たのは、この時が初めてだった。

新間さんの言葉を思い返すまでもなく、その場は異様な雰囲気だった。なぜなら、そこにいた人間は全員がアクラムの味方なのだ。パキスタン人が猪木さんを応援する理由はない。猪木さんの勝

76年12月には、猪木さんのパキスタン遠征に"用心棒"として同行した。この時のアクラム・ペールワン戦はプロレスファンの間で伝説化しているようだが、俺の記憶の中にも強く刻まれている。

利を願っていたのは、セコンドの俺たちとリングサイドに座っていた倍賞さんぐらいだった。俺は「何かあった時は、身を挺して猪木さんを守らなければいけない」と、改めて気を引き締めた。

この日は、前座で永源さんがボル・ブラザーズの末弟であるゴガ・ペールワンと対戦して負けている。試合の詳細は忘れてしまったが、この一戦も緊迫していた記憶がある。

そして、遂に猪木さんとアクラムがリングに上がった。

「いやに腹が出ているな」

それが試合開始を待つアクラムの姿を見た時の印象だ。

猪木さんは7万人の大観衆を目の当たりにして、「これは反則をしたら、大変なことになる」と一瞬で理解したはずである。だから、あのアクラム戦は俺から言わせれば、「とても綺麗な試合」だった。

今でも猪木さんがアクラムを仕留めたシーンは鮮明に憶えている。猪木さんは足を絡めながら下からアクラムの左腕を取り、体勢を入れ替えて絞った。しかし、アクラムはギブアップせず、猪木さんが力を込めると肩が外れてしまった。試合が終わった瞬間、猪木さんは興奮気味に「折ったぞ!」と叫んだが、正確には腕を骨折させたわけではなく、肩が脱臼しただけだ。

この一戦は3本勝負だったが、相手側が棄権したため、試合はそこで終わった。当時の猪木さんが本気でやれば、ああいう結果になるのは当然のことである。

プロレスファンの間では、猪木さんがフェースロックを決めた時にアクラムが噛み付いてきたので、怒って目に指を入れたという話が広がっているようだ。近くで見ていた俺の記憶では、猪木さんは目に指なんて入れていないはずだ。

試合が終わると、俺たちはすぐに会場を引き上げて車でホテルに戻った。後から聞いた話では、場内は暴動寸前となり、イギリス人のレフェリーが観客にナイフで刺されたという。何かあった時には命懸けで猪木さんを守らなければいけないと覚悟していたものの、7万人が襲いかかってきたら、さすがにどうすることもできない。警備のために軍隊の人間もその場にいたが、もし彼らが発砲でもしていたら、とんでもない修羅場になっていただろう。そうしたことを考えると、無事に会場を抜け出せたのはラッキーだった。

パキスタンに行く前は猪木さんも普通のプロレスの試合をするつもりだったと思うのだが、要はペールワン一族が自信過剰でナメてかかってきたということだ。おそらく「アリと引き分けた男に勝って名を上げたい」と考え、シュートマッチを要求してきたのだろう。

とにかく猪木さんが勝ってしまったものだから、ペールワン一族にとっては一大事だ。その後の興行はすべてキャンセルとなり、俺たちが泊まっていたホテルは群衆と軍隊に囲まれてしまった。

軟禁状態となった俺たちは外出することを諦め、猪木さんが日本から持ってきたカップラーメンを食べながらホテルに籠城することにした。ただ、ここで思わぬアクシデントが起こる。日本から持参したウイスキーを飲んでいたら、ほぼ全員が腹を壊してしまった。ミネラルウォーターで割る分には大丈夫だったのだが、向こうの氷が原因だった。

俺たちにとってパキスタン遠征の最大の敵はペールワン一族ではなく、下痢だったという汚いオチがついてしまったが、行く前に新間さんに脅かされていたから、無事に帰国できた時は心底ホッとした。

年が明ければ、再び巡業の日々である。77年に入っても、俺はなかなか体重が増えないという悩みを抱えつつ、勝ったり負けたりを繰り返していた。

春になると、海外に出ていた吉田光雄が凱旋帰国し、「長州力」に改名した。この頃、何度かシングルで長州にぶつけられたが、すべて俺が負けている。

「日本で試合をしていても、どうにもならないな…」

それは俺だけでなく、新日本の若手・中堅の共通した思いだったはずである。さらにギャラも安く、上がる気配は一向になかった。西ドイツ遠征から帰ってきてもプッシュされたのは最初だけで、この時期に俺は転職を考えたこともある。

「俺はこのまま前座で終わるのかな…。将来のことを考えたら、思い切ってプロレスから足を洗い、板前の勉強をした方がいいかもしれない」

リング上で手を抜くようなことは決してなかったが、俺は身の振り方を迷いながら、自分の置かれている状況を抜け出すきっかけを求めていた。

第13章　メキシコで「テムヒン・エル・モンゴル」に変身

プロレスラーとして成功するためには、「個性」が必要だ。これは古今東西変わらない。最近のレスラーはデビューする時から、わかりやすいキャラクターを与えられたりするようだが、俺たちの時代はそんなことは皆無だった。リングネームにしても、俺と同世代の選手の多くは本名を名乗っていた。

俺が入る前は、日本のプロレス界もリングネームを名乗るのが通例だった。力道山は相撲時代の四股名をそのまま使っていたし、馬場さんや猪木さんは言うに及ばず、上田馬之助さん、星野勘太郎さん、山本小鉄さんなどもリングネームである。坂口征二さんは元柔道日本一ということで名前が知られていたから本名のままだったが、こちらの方が珍しいケースだったのだ。

しかし、俺が日本プロレスに入った頃の若手は、基本的に本名でリングに上がっていた。俺の場合は相撲界を逃げ出したし、幕内にも上がれなかったから、四股名を名乗るなんて話が出るはずもなかった。

昔の若手はテレビ中継で試合が流れることもなく、スポーツ新聞で大きく取り上げられることもない。プロレスマニアは名前や顔をすぐに覚えてくれるが、それ以外のお客さんの記憶にどれだけ残ったかというと疑問である。俺の場合は大きかったから、まだインパクトがあった方だろう。

若手は制約がある中、個性を出すためにタイツの色を変えたり、他の選手と被らない技を使ったりと工夫していたが、やはり海外に出て実績を積み、いろいろな意味で一回りも二回りも大きくなって帰国するしかステップアップする方法はない。

もちろん、失敗する例だってある。海外修行から帰国した吉田光雄は力道山の後継者という意味合いの「長州力」というキャラクターを会社から与えてもらったが、当初はファンの支持を得られなかった。リングネームやキャラクターを変えただけで人気が出るほど、プロレスの世界は甘くないのだ。

特にキャラクターがなかった俺が「別人格」に変身したのは、77年暮れのメキシコ行きがきっかけだった。これは前年の短期のドイツ遠征とは違い、帰国時期の決まっていない長期の海外武者修行である。

11月のある日、会社から呼び出され、新間さんにこう告げられた。

「小沢、お前は来月からメキシコに行くことになった。ただし、日本人の小沢正志ではなく、テムジン・エル・モンゴルというモンゴル人レスラーとしてやってくれ」

テムジン（現地の発音はテムヒン）とは、モンゴル帝国の初代皇帝チンギス・ハーン（ジンギス・カン）の本名である。新間さんには、「これはゴッチさんのアイディアだ」と説明された。

当時のゴッチさんは、新日本に外国人レスラーをブッキングしたり、日本人の若手を海外マットに送り込む仕事をしていた。その関係から、メキシコのプロモーターとも繋がりがあった。この時期、メキシコにはすでに浜田と藤波選手がいたから、日本人はこれ以上いらないという理由で、俺はモンゴル人ということになったのかもしれない。

「凶暴なモンゴル人」というキャラクターは昔からプロレス界に存在しており、俺が知っているレスラーではモンゴリアン・ストンパー、ジート・モンゴル（ブラックジャック・ダニエル）、ベーポ・モンゴル（ニコリ・ボルコフ）、ボロ・モンゴル（マスクド・スーパースター）などがいる。アメリカでは一定の需要があったようだが、当時のメキシコマットでは空席になっていた。

早速、俺はモンゴル人に変身すべく頭頂部以外の髪の毛を剃った。髪が伸びてくれば、弁髪を結えるだろう。急造だが、とりあえずこれでモンゴル人っぽく見えるはずだ。

コスチュームは、ゴッチさんが「こういうものを作って欲しい」と自分で描いた絵を送ってくれた。俺はそれを持って世田谷区の経堂にある『東京衣装』という舞台衣装の専門店を訪れ、入場時に着用する帽子や上着などを特注で作ってもらった。

そして77年12月13日、俺は一人でメキシコへと旅立った。

話を進める前に、当時のメキシコのプロレス事情について少し説明しておこう。メキシコは今も昔も世界有数のプロレス大国で、『ルチャ・リブレ』と呼ばれる独自のスタイルのプロレスが大衆的な人気を集めている。俺がメキシコに行った77年当時は、ＥＭＬＬ（現在のＣＭＬＬ）とＵＷＡという2つの団体がせめぎ合っていた。

ＥＭＬＬは老舗団体で、ＵＷＡは75年に旗揚げした新興団体である。俺が行った時は、人気も勢いもＵＷＡがＥＭＬＬを凌駕していた。この頃からＵＷＡは新日本と親密な関係になり、カネックやペロ・アグアヨなど向こうのトップレスラーも来日するようになる。

ゴッチさんを通じて俺をメキシコに呼んでくれたのが、このUWAの創設者でもある大物プロモーターのフランシスコ・フローレスだ。もしかしたら、ゴッチさんはフローレスに「モンゴル人レスラーが欲しい」と相談され、「それなら適任の男がいる」と俺を推薦してくれたのかもしれない。

先ほども書いたように、UWAには浜田と藤波選手がいた。俺は新日本から「藤波に帰ってくるように促してくれ」と言われていたので、向こうに着くとすぐに「辰つぁん、会社が帰って来いと言っているよ」と本人に伝えた。

メキシコの専門誌で紹介されたテムヒン・エル・モンゴル時代の俺。当時、浜田と結婚していたメキシコ人女性は、俺の姿を見て「つわりの時よりも気持ち悪い」と言っていた。

しかし、藤波選手は複雑な表情を見せながら、「今、日本に帰るのは嫌だ…」と首を横に振った。理由を聞いてみると、現地に好きな女性がいるという。

だが、所属選手である以上、会社の命令には逆らえない。結局、藤波選手は嫌々ながらも日本に帰国せざるを得なくなった。

その代わり、年明けの78年1月にニューヨークでWWFジュニアヘビー級王座を獲得し、新日本で自分のポジションを確立できたのだから、人生はどう転ぶかわからない。もし藤波選手があのままメキシコに留まっていたら、日本のプロレスの歴史は大きく変わっていたはずである。

一方の浜田は「グラン浜田」を名乗り、現地では完全にスーパースターだった。若手の頃からアクロバット的な試合ができたので、メキシコのスタイルに合ったのだろう。浜田はリンピオ（ベビーフェース＝善玉）のヒーローとしてメキシコ人の熱狂的な支持を集めており、新日本の若手時代しか知らなかった俺はその人気ぶりに驚くしかなかった。ただし、浜田は島流しのような形でメキシコに送られたので、藤波選手とは違って帰国命令は出ていなかった。

メキシコに行った当初、俺はスペイン語どころか、この国のことがまるでわからなかったので、ひとまず仲の良かった浜田のアパートに転がり込んだ。その後、ある程度やっていける目処が立ってから自分で部屋を借りたが、浜田とは一緒に車で試合に出かけることもあった。

とはいえ、浜田はリンピオで、俺はルード（ヒール＝悪玉）だ。本来、一緒に行動することはご法度である。そういう時は、試合場から少し離れた場所で俺は車を降り、浜田とは別々に会場入りするのだ。

俺はここメキシコで、初めて本格的にヒールをやることになった。だが、いきなり上手にこなせたわけではない。正直に言うと、最初はブーイングを浴びるのが嫌だった。

「こっちは一生懸命やってるのに、ブーイングを浴びせやがって！」

試合中にそう思いながら腹を立てていたのだから、今となっては笑い話だ。しかし、試合をこなしていくうちに、罵声が気持ち良くなってきた。要は、自分がそれだけ観客を熱くさせているということが理解できるようになったのだ。

ただし、ヒールという仕事は、ある種の辛さも伴う。それを身を持って知ったのもメキシコだ。会場にはジュースの売り子さんがいるのだが、それを買った子供たちがジュースを飲んだ後、コップの中に小便をして、ヒールのレスラーに投げつけてくるのだ。

もちろん、一度や二度の話ではない。ファンに嫌われるのがヒールの役割とはわかっていても、この小便攻撃には本当にウンザリした。試合後、シャワーを浴びて身支度をし、いざ帰ろうかという時に頭から小便をかけられたこともある。

俺がレスラー人生で観客に小便をかけられたのは、メキシコだけだ。メキシコでは酔っ払いが道端に寝ていると、子供がふざけて小便をかけたりする。その国独自の文化と言えば聞こえはいいが、日本人の俺から見ると、良識がないにも程がある。

小便を散々かけられたからというわけではないが、俺はメキシコという国自体を好きになれなかったし、理屈に合わないルチャ・リブレというスタイルには嫌悪感すら抱いた。

しかし、会社の命令で来ているし、ゴッチさんの顔もあるから、勝手に他のテリトリーに移動するわけにもいかない。当然、生活していく金も必要だから、俺は「こんなサーカスみたいなプロレスは性に合わないな」と思いながらも、連日リングに上がっていた。

ここメキシコのプロレスは日本と違って、ボクシングのように細かく階級別に分かれている。俺は言うまでもなく、ヘビー級だ。78年1月22日、TNT（アナコンダ）と組み、ミル・マスカラス&ティニエブラスと対戦したのが記録に残っている俺のメキシコ最初の試合だという。翌月には浜田とタッグを組んだこともあるそうだが、俺はどちらも記憶にない。

UWAの本拠地はエル・トレオという闘牛場で、ここは2万人ほど収容できる大きなアリーナだ。毎週日曜日にここでビッグマッチが行われ、それ以外は地方を回ることになる。

78年1月29日、俺はそのエル・トレオでマスカラスの持つIWA世界ヘビー級王座に初挑戦した。プロレスの世界に入って、初めてのタイトルマッチである。

マスカラスは71年に日本プロレスに初来日した時、すでにスーパースターだった。一方、俺は吉村道明さんの付き人としてリングサイドやバックステージでちょこまか動き回っていた。その姿を憶えていたマスカラスは、最初から俺をナメてかかってきた。

「ボディビル上がりがふざけんな!」

すでに俺はある程度のキャリアを積んでいたし、新日本の道場でゴッチさんにセメントの技術を習っていたから腕には自信があった。グラウンドになった時、マスカラスの顔面を肘でグリグリ攻め立てると、向こうは途端におとなしくなった。

昔の俺は使いっ走りの前座レスラーだったが、今はプロモーターのフローレスが売り出し中のレスラーである。劣勢のまま、相手の好きなようにやらせておくわけにはいかない。また、ナメてかかってくる相手に対しては、「こいつは侮れないな」と身体でわからせない限り、いい試合にはならない。

実際、その後はマスカラスも決して俺に対してナメた態度を取ることはなかった。彼とは4回ほどタイトルマッチをやった記憶があるが、いずれにしても弟のドス・カラスと違って性格の良くない男だった。

新日本のファンにはお馴染みのカネックとはタッグも組んだし、彼の持つUWA世界ヘビー級王座に挑戦したこともある。カネックは俺と同じヒールだったが、外国人相手のタイトルマッチになると、メキシコ人の観客は熱狂的に彼を支持する。当然、俺は大ブーイングを浴びたが、彼とはそれなりに納得の行く試合ができた。

このようにUWAで俺の扱いは、徐々に良くなっていった。それには、いくつかの理由がある。まずはキャラクターが他のレスラーとまったく被らなかったことだ。身体の大きなモンゴル人というのは、メキシコ人の多くにとって初めて見る存在だったはずである。その頃、メキシコに本物のモンゴル人が住んでいたかどうかは知らないし、モンゴル帝国の歴史がどれほど浸透していたかもわからないが、「モンゴル人」という人種が物珍しかったことは間違いない。

もちろん、俺はルックスだけで勝負できるとは考えていなかった。そこで取り入れたのが「音響効果」である。

俺は相手を攻撃する時に、「キエーッ!」と奇声を上げるようにした。キック一発でも、声を出しながら蹴ると迫力が全然違ってくる。日本にいる時は生まれ持った性格で常に一歩引いてしまうようなところがあったが、海外に出たらプロモーターが自分に求めているものは何なのかを探り、自分で工夫していかないと、たちまち仕事にあぶれてしまう。

フローレスが俺に期待しているのは何か。それは小さなメキシコ人には出せない「迫力」だと、俺は考えた。これだけ身体が大きいのに、迫力がなかったら宝の持ち腐れである。

奇声を発することで、俺のキャラクターはより際立つ――。そう確信した俺は、「クワアアーッ」、「ウォオ～」などバリエーションを増やしていった。これは決して、ふざけて言っているわけではない。これにより、俺の凶暴なイメージはさらに増幅したはずだ。

さらに攻撃の時だけでなく、相手の技を受ける時も「キャッー!!」と奇声を発するようにした。言うまでもないが、攻撃する時とダメージを受けた時の声が同じだったら、ただの馬鹿である。「声を出す」と文字にすると単純なことのように見えるが、プロレスはただ技をバンバン出して動き回ればいいというものではない。

日本と違い、海外のレスラーは基本的にフリーランスだ。プロモーターに使えないと思われたら、即座に首を切られる。そうならないためには、他のレスラーと同じことをしていてはダメだ。メキシコのレスラーは覆面のデザインなどで個性を出していたが、俺は素顔だったので奇声を上げることで自分のキャラクターをより強固なものにしたのだ。

海外に限らずプロレスラーとして成功するために必要不可欠なもののひとつが、「必殺技」である。これも他人とは違う個性が求められる。引退するまで俺の最大の武器となったのはトップロープからのダイビング・ニードロップだが、これを本格的に使い始めたのもメキシコ時代だった。

トップロープからニードロップを繰り出す場合、たいがいのレスラーは左足を立て、右膝を相手に胸元に落とす。猪木さんも、この形のニードロップをよく使っていた。しかし、俺は両足を揃えて相手に落とした方が迫力が出ると考えた。

この技を思いついたのは、日本にいる時だ。前座でバトルロイヤルに出た際に、木村を相手に試してみた。最初はその場で飛び上がる形だったが、それからも試合で何度か試してみて、「この技は行ける！」と確信し、メキシコに行ってから満を持してフィニッシュホールドとして使い始めたのだ。

この技はメキシコのフローレスだけでなく、その後もアメリカ各地のプロモーターが喜んでくれた。当時はそんな技を使う選手もいなかったし、この巨体でトップロープからダイブするからフィニッシュホールドとしての説得力は抜群だった。ただし、メキシコのリングは硬いから、あまりやりすぎると膝が壊れるので、ここぞという時にしか使わなかった。

ところで、この時期にゴッチさんもたまにメキシコに来ていた。ゴッチさんは身体を動かさずにはいられないタイプだから、新日本に「偽エル・サント」として来日した中国系メキシコ人のレスラー、ハ

メキシコでは、重量級のルード（悪玉）としてリングに上がった。左はカルロフ・ラガルデ、右はセサール・バレンティーノ。彼らも当時のUWAでルードだったルチャドールである。

ム・リーが営むジムでトレーニングをしており、俺もよく練習に参加させてもらった。ゴッチさんはハム・リーのジムでメキシコのレスラーに関節技などを教えることもあり、彼らからも神様的な存在として一目も二目も置かれていたものだ。

後で知ったことだが、メキシコに来た際にゴッチさんは俺の知らないところでリングにも上がっていた。当時、ゴッチさんはすでに50代前半で、日本に来た時は試合をしていなかったから、俺はてっきりブッキングの仕事のためにメキシコに来ていると思い込んでいたが、アカプルコやモンテレイといった地方の興行に出てギャラを稼いでいたようだ。

メキシコには、そのゴッチさんより年上のレスラーがいた。「聖者」と呼ばれた本物のエル・サントである。

あの人はメキシコのレスラーの中では別格だった。現地では力道山のような英雄なのだが、身体もそれほど大きくはないし、足も細い。俺の目から見ると、なぜそんなに人気があるのか理解できなかった。銀色のマスクは特徴的だが、試合を観てもファンがどこに惹かれているのかさっぱりわからない。俺はサントと戦った経験はないが、あの人が試合に出ると確かに客入りが違った。試合の内容は大したことがなかったから、あの観客の熱狂ぶりはとても不思議だった。

このメキシコ時代、週に一回はUWAの事務所に行かなければならなかった。印刷所の4階にある薄暗いオフィスに行くと、選手たちがたむろしていた。用がないレスラーも試合を組んで欲しくて、やってくるのだ。

ここでギャラをもらい、次の週のスケジュールを確認するのだが、俺は自分の車を持っていなかったので、同じ会場で試合をする選手が「じゃあ、乗っけていってやるよ」と声をかけてくれる。俺はその代わりに移動距離に合わせて、ガソリン代を支払う。このやり方は、後のアメリカでも同じだった。

「マンションの下で○時に待ってろ」と言われ、試合の日になると、事務所で声をかけてくれたレスラーが俺を車で迎えに来る。同乗させてくれたのは、アブドーラ・タンバ、レイ・メンドーサ、ビジャノ兄弟、セサール・バレンティーノといったメンバーだ。みんな親切にしてくれたし、お礼に俺が飯を奢ったこともある。

遠方に遠征する場合は、長距離バスに乗る。この時も同じ会場へ行く仲間たちと一緒に移動した。彼らが試合場まで連れて行ってくれたから、俺自身が場所を知らなくても何とかなった。

試合がない時は、レスラー仲間と気晴らしに酒を飲みに行くこともあった。俺は相撲時代から酒が強かったから、テキーラの1本ぐらいは簡単に開けた。それを見て、メキシコのレスラーたちは一様に驚いていた。

浜田に誘われて、アカプルコへカジキマグロを釣りに行ったこともある。いわゆるトローリングというやつで、船で沖まで出るのだが、小さな魚が数匹釣れただけだった。後から聞いたら、カジキマグロなど絶対に釣れないような場所に連れていく詐欺商法に引っかかったようで、それまで以上にメキシコという国が嫌いになった。

タンバに連れられて、有名なガリバルディ広場に行ったこともある。ここでは目の前で、楽団がマリアッチを演奏してくれるのだ。当然、外に出れば、プロレスファンに見つかり、「あっ、テムヒン・エル・モンゴルだ！」とよく声をかけられた。さすがに、こういう時は小便をかけてこない。街中でファンに声をかけられた時の対応の仕方はレスラーによって異なるが、俺はヒールらしく振る舞うのではなく、あくまでも紳士的に応対した。

そういえば、街に出てタクシーに乗った時、運転手が馴れ馴れしく話しかけてきたことがある。

「俺のことを憶えてるか？」

よくよく聞いてみると、「俺はお前が○○に出た時、戦った相手だ」と言うから驚いた。リング上ではマスクを被っていたから、顔を見てもわかるはずがない。

その男はプロレスだけでは食えないため、タクシーの運転手もやっているという。それを聞いて、メキシコマットの厳しさを思い知らされた。当時の日本のプロレス界では考えられないことだが、向こうには彼のような兼業レスラーが結構いたものだ。

メキシコ滞在も1年近く経つと、ようやく髪の毛が伸びて、弁髪を編めるようになった。これでルックスに関しては、モンゴル人レスラーとして完成形である。

メキシコではカベジェラ戦（敗者髪切りマッチ）という形式の試合があり、普通の試合とはギャラが格段に違うのだが、俺はせっかく伸びて来た弁髪を賭ける気はなかった。俺にとって弁髪は、それ以上の金を稼ぐための重要な武器なのだ。

ただし、ルックスに関しては徐々にマイナス面も露呈し始めた。困ったことに、体重が落ちたのである。

試合の帰りにメキシコ人レスラーたちとレストランで一緒に食事すると、なぜか俺だけが下痢をした。気が付けば、日本を出る時に100キロぐらいあった体重が90キロ近くまで落ちてしまった。試合は頻繁に組まれていたが、やはりメキシコという国は肌に合わない。さすがに1年が過ぎると、別のテリトリーに移りたいと考えるようになった。

78年の後半には、新日本から木村と佐山がメキシコに送られてきた。彼らはEMLLに呼ばれたのでリング上で絡むことはなかったが、暇な時は2人が共同生活していたアパートに顔を出すこともあった。しかし、彼らと旧交を温めたところで、俺自身の中で燻っていた不満が解消されるわけではない。

そんな時、たまたまメキシコのホテルで身体の大きな白人に声をかけられた。どうやら俺がルチャドールだと知って、話しかけてきたようだ。

「お前はアメリカに来れば、もっと稼げるぞ」

その男はビッグ・ジョン・スタッドと名乗り、自分も同業者でメキシコにバケーションで来ているという。彼とは後に『第1回IWGP』で一緒に日本全国を回ることになる。

スタッドにそう言われた瞬間、俺の中で「アメリカに行きたい」という気持ちが抑えきれなくなった。そんな俺の思いが伝わったわけではないだろうが、何日も経たないうちにゴッチさんから連絡が来た。

「お前は、これ以上メキシコにいても仕方がない。小さい選手ばかり相手にしていては、お前のためにもならないし、アメリカに行くぞ」

ゴッチさんから告げられた新しい職場は、アメリカのフロリダだった。ここでは日系人のデューク・ケオムカさんがエディ・グラハムと共にオフィスを運営しているという。ケムオカさんは日本プロレスに出入りしていて、俺のことを憶えていてくれたようだ。

「彼らのオフィスに書類を送れ」

ゴッチさんの指示に従い、俺はケオムカさんのオフィスに身長、体重などを書いた書類と写真を送った。メキシコとは、これでお別れだ。

故郷を飛び出して16年、プロレスの世界に入ってから、すでに8年が経過していた。

「遂にプロレスの本場で自分の力を試せるのか…」

そう思うと、俺は胸の高鳴りを抑えられなかった。

第14章　俺が出世して「人殺しのジンギス・カン」になった日

ゴッチさんの紹介で俺が書類を送ったのは、CWF（チャンピオンシップ・レスリング・フロム・フロリダ）という会社だった。

ここは社長がエディ・グラハム、副社長がデューク・ケオムカさんで、ヒロ・マツダさんは確か取締役だったと記憶している。会社はこの3人を中心に運営されており、元NWA世界ヘビー級王者のバディ・ロジャースがブッカーとして現場を動かし、ダスティ・ローデスがサブとして彼を補佐していた。

今と違って、当時のアメリカのプロレス界はテリトリー制が敷かれていた。端的に言えば、全米の各地にプロモーターが存在しており、それぞれ日本で言うところの団体（プロモーション）を運営していた。エディ・グラハムが主宰するCWFは、その名の通りフロリダ州を中心に活動していたプロモーションであり、日本では通称「フロリダ地区」と呼ばれる。

また、そうした各地のプロモーターたちの連合体として、当時はNWA（ナショナル・レスリング・アライアンス）という組織があった。その頃は全米マットの約70%がNWAの管轄下にあり、エディ・グラハムも会員だった。日本では、新日本プロレスと全日本プロレスがNWAに加盟していた。

各プロモーターは独自に自分のテリトリーで興行を打っていたが、NWAに加盟すると、レスラーの貸し借りができたり、共同で認定していた『世界ヘビー級チャンピオン』を招聘することができる。

俺がフロリダ地区に入った時点で、NWA世界ヘビー級チャンピオンはハーリー・レイスだった。NWA世界王者は北米のみならず、日本なども回って各地区のトップレスラーたちと防衛戦を行うのが仕事だ。

CWFから俺を使ってくれるという通知が来たので、79年3月に俺は飛行機でメキシコからフロリダに移動した。

俺を紹介してくれたゴッチさんは、フロリダ在住である。俺が空港に着くとゴッチさんは迎えに来てくれ、自分の車でタンパのホテルに連れて行ってくれた。

このドライブの途中でゴッチさんが事故を起こしそうになり、一瞬ヒヤッとした。しかし、ゴッチさんはそういう時も動じない。すぐに「ドライブライセンスは去年のクリスマスにプレゼントでもらったばかりなんだ」とジョークを飛ばし、俺の緊張を解きほぐしてくれた。

俺はある程度のキャリアを積んでいたからか、オフィスではなく、すぐに試合場へと連れて行かれた。バックステージにはエディ・グラハムやデューク・ケオムカさん、バディ・ロジャース、ダスティ・ローデス、エディの息子のマイク・グラハムらがいた。

ゴッチさんに紹介され、プロモーターのエディに挨拶すると、即座にこう言われた。

「今から試合はできるか?」

「イエス」

そんな簡単な会話を交わしただけで、俺はいきなりリングに上がることになった。

記録に残っている俺のフロリダ地区の初戦は、3月27日に韓国人のパク・ソンと組んでレイ・キャンディ&ブーバー・ダグラスと戦ったことになっている。しかし、俺の記憶では最初の試合はシングルマッチで、相手は知らない黒人選手だったような気がするのだが、これは記録に残っていないのかもしれない。

それはともかく、この試合で俺がトップロープからのニードロップをやってみせると、「お前、凄いな！　あんな技は初めて見た」と誰もが驚いていた。

この時、新しいリングネームも用意されていた。エディ、ケオムカさん、ロジャースの3人が話し合って考えてくれた名前は、『キラー・カーン』だった。テムジンが出世して、「ジンギス・カン」になったという意味である。

「人殺しのジンギス・カンか…」

俺自身も、この名前は一発で気に入った。以来、リングネームは一度も変えていない。

俺はメキシコに続き、ここアメリカでも「モンゴル人」として生きていくことになるが、その前にこのリングネームについて、どうしても説明しておきたいことがある。

今現在、新大久保でやっている俺の店の名前は『居酒屋カンちゃん』だ。2005年には歌手として日本クラウンから『ふるさと真っ赤っか』という曲を出したのだが、その時の名義は「キラーカン」だった。

俺はフロリダ地区に入った当時から自分のリングネームは「カン」という認識だったが、後に新日本プロレスに凱旋帰国した時に「カーン」と発表され、それが定着してしまった。

この本も読者や書店の店員さんが混乱するなどの理由から浸透している「カーン」の名前で刊行されるが、俺自身は納得できない部分もある。俺は引退後、何度も「本当はカンだ」と言い続けてきたが、いまだに世間に伝わっていない。デビュー戦の時に漢字を間違えられたり、リングネームの表記に関して俺はつくづく運がないようだ。

話をフロリダ地区に戻そう。俺のマネージャーには、タイガー服部さんが付いてくれた。現在、新日本プロレスでレフェリーをしている服部さんだが、当時はフロリダ地区で日本人レスラーの悪徳マネージャーをやっており、俺にとって日本プロレス時代の先輩にあたる高千穂明久さんなども担当していた。後にザ・グレート・カブキに変身する高千穂さんは、フロリダ地区で「ミスター・サト」と名乗っていた。

俺は同じ大型の東洋人という括りでパク・ソンとコンビを組まされ、地区入りしてすぐにUSタッグ王座（フロリダ版）を獲った。彼は日プロに上がったこともあり、片言の日本語が喋れたから助かった。

日本のファンの中でパク・ソンは猪木さんと韓国で戦い、セメントで潰されたレスラーというイメージが強いと思うが、アメリカでは各テリトリーでトップヒールとして活躍した選手である。実際、フロリダ地区でのポジションも俺や高千穂さんより上だった。そのパク・ソンとのコンビは順調だったが、少し経ってから彼は「頭にデキモノができた」という理由でアメリカを離れてしまい、そのまま戻って来なかった。

俺がフロリダに入った時は、全日本プロレスの天龍源一郎選手もいた。俺は後から来たにもかかわらず、最初から天龍選手の上のポジションに置いてもらえた。フロリダ地区にはたまにキラー・カール・コックスなどが来ていたものの、身体の大きなヒールが少なかったことも幸いしたのだろう。その空いていた枠に、俺がちょうどハマったのかもしれない。

マネージャーの服部さんも俺と組めたことが嬉しかったようで、後に奥さんが「小沢さんが来てくれて、ウチの生活も楽になりました」と言ってくれた。

この言葉はレスラー冥利に尽きる。服部さんは俺が来るまでは中堅止まりのレスラーのマネージャーを務めることが多く、実入りも少なかったそうだ。だが、俺はフロリダ地区に入ってからポジションがどんどん上がり、最終的にはメインイベンターになった。メインイベンターのギャラは客入りに応じて売上げの何%かをもらえる仕組みだから、俺の担当になった途端に服部さんのギャラも上がって行ったのだ。

その後、マサ斎藤さんがフロリダに来たこともある。斎藤さんは高千穂さんと組んで地区のタッグチャンピオンになったこともあるのだが、服部さんのマネージャーとしての収入は、その2人よりも俺の方が多かったらしい。だからこそ、奥さんが喜んでくれたというわけだ。

フロリダ地区では、スウィート・ブラウン・シュガー（スキップ・ヤング）という身体の小さい黒人レスラーとも抗争した。こいつはミル・マスカラスと同じで、最初は俺をナメてかかってきた。だから、試合中に観客がわからないように締め上げてやると、それ以降は変なことはしてこなかった。モンゴル人vs黒人という組み合わせが面白かったのか、こいつやレイ・キャンディとは何度も試合が組まれた。

ここでは、カーチス・イアウケアとコンビを組んだこともある。彼が「パートナーになるんだから、お前も眉毛を落とせ」と言ってきたので、一緒に剃ってみたら、2人とも気持ち悪い顔になって大笑いしたのもいい思い出だ。

この時期のフロリダ地区は、元NWA世界ヘビー級王者のジャック・ブリスコやダスティ・ローデスが大人気のトップベビーフェースだった。

ジャック・ブリスコはトップとしての風格を持ち合わせているだけでなく、レスリングの技術は文句なしだし、試合の組み立ても巧く、技では巻き投げが特に絶品だった。

しかし、彼の何が一番素晴らしいかと言えば、アマレスで抜きん出た実績を残し、NWAの頂点に立ったにもかかわらず、決して天狗になっていなかったことだ。つまり、肉体的にも人間的にもトータルで秀でている。言葉にすると単純だが、これが一流レスラーの条件であることは理解しておいて欲しい。

フロリダ地区ではダスティ・ローデスとも何度も戦ったが、試合中に勝手に踊り出したりするから、それまでの流れが止まり、俺としてはやりづらかった印象が強い。ただし、ダスティがケツを振ると、観客は凄まじく反応する。

ブリスコやダスティとシングルで戦っていると、「フロリダのテリトリーで、ヒールのてっぺんに昇り詰めた」と実感できた。このフロリダ地区では、伝説の元NWA王者パット・オコーナーともシングルで戦ったことがある。日本にずっといたら、いつまで経ってもこんな経験はできなかっただろう。

この時は、バディ・ロジャースとも戦った。彼は、あの馬場さんも憧れた名選手である。昔のレスラーらしく試合は少しカタイところがあったが、頭は柔らかかった。その頃、すでに50代後半だったはずだが、褐色の素晴らしい肉体をしており、リングに上がった時のオーラは並外れたものがあったと記憶している。

先ほども書いたように、ロジャースはフロリダ地区でブッカーも兼ねていたが、レスラーに細かい指示を出したりはしない人だった。ダメだと思った選手はすぐにポジションを落として、最終的には切ってしまう。アメリカマットは、そういう厳しい社会なのだ。

フロリダ地区では、移動中に死に直面したことがある。マイアミからタンパに戻る時、俺は服部さんやハーリー・レイスと一緒にチャーター機に乗っていたのだが、途中で乱気流に巻き込まれ、いきなり機体が揺れまくった。

しかも、夜中だったから、周りは真っ暗だ。操縦席の横に座っていたハーリーは気が狂ったように喚き出し、他の数人のレスラーたちも錯乱状態に陥っていた。

だが、俺と服部さんは諦めの境地で、静かに行く末を見守っていた。

「服部さん、もう終わりかもしれないね」

「しょうがないよ」

これ以前に、ジョニー・バレンタインやリック・フレアーなど飛行機事故でひどい目に遭ったレスラーは何人もいた。それはアメリカのレスラーたちも知っていたはずだが、俺と服部さんはこういう生活をしていたら、事故で死んでも仕方がないと腹を括っていたようなところがあった。その後、チャーター機は乱気流を抜けて無事にタンパに着いたが、こんなアクシデントもアメリカのプロレスの一部である。

秋になると、日プロ時代の後輩のミスター・サクラダこと桜田一男、相撲時代から知り合いのミスター・ヒトこと安達勝治さんがフロリダ地区に入ってきた。海外で旧知のレスラーと再会するのは嬉しいものだ。日本にいる時と違って同胞意識が強くなり、上下関係も希薄になる。

こういう時に助かったのは、ゴッチさんが俺に「モンゴル人」というキャラクターを授けてくれたことだ。

アメリカのプロモーターたちは自分のテリトリーを国際色豊かにするために、各人種のレスラーを揃える。黒人、インディアン（ネイティブ・アメリカン）、メキシカン、プエルトリカン、ポリネシアン、東洋系、ドイツ系、ロシア系——。

要は毎日、オリンピックをやっているようなものだ。多種多様なレスラーを集めた方が面白いマッチメークができるし、NWA世界ヘビー級チャンピオンもよりワールドワイドな存在に映る。

そもそもアメリカは多民族国家であり、人種問題がプロレスのリングの上に反映されている。例えばインディアン居住区のあるテリトリーでは、インディアン系のレスラーがベビーフェースになる。彼らが白人レスラーをやっつければ、観客は大喜びだ。

ただし、テリトリー内に同じ人種のレスラーは何人もいらない。昔から日本人、日系人の需要は常にあったが、多くても2〜3人いればいいのだ。

だが、俺はモンゴル人だから、日本人の誰が同じテリトリーに入って来てもキャラクターが被らない。同じアジア系ということで安達さんや桜田らと時折同じコーナーに立つことはあったが、本格的なタッグチームを組まされることはなく、俺はあくまでも単品のモンゴル人として重用された。

フロリダは気候も温暖で過ごしやすいし、食べ物も美味しい。日本の食材が買えるストアがあり、食事には困らなかったから、メキシコで減った体重も戻った。

神経質なところがある俺は、日本よりもアメリカの方が暮らしやすかったというのが本音である。アメリカは「自由の国」だ。日本と違って頑張ればポジションが上がるし、それに見合った金が入ってくる。メキシコから引っ張ってくれたゴッチさんに感謝しながら、俺はフロリダで至福の時を過ごしていた。

第15章　妻シンディと師カール・ゴッチの思い出

海外のテリトリーで日本人レスラーと一緒になれば、必然的に酒を酌み交わすことになる。安達さんや桜田とよく行ったのは、タンパにある『グラハム・ラウンジ』という店だった。ここはエディ・グラハムが経営するレスラー御用達のバーである。

レスラー仲間と飲む時に他のテリトリーや日本の情報を得られることもあるが、あまり小難しい話はしないものだ。話題はあちこちに飛んだが、みんな若かったから女の話にもなる。

これまであまり自分から話したことはないのだが、俺はフロリダで白人女性と結婚した。シンディという名前のアメリカ人で、子供も3人授かった。現在は別居しており、実質的には別れた状態だが、アメリカは離婚の手続きが面倒なので、法的にはまだ俺の配偶者のままだ。

彼女と知り合ったのは、パク・ソンと組んでいた頃だった。ある日、俺はいつものようにグラハム・ラウンジで飲んでいた。この店にはプロレスファンもたくさん来る。その中に、俺のファンだという若い女性がいた。確かにそのコは会場にもよく来ていたが、その日は見たことのない綺麗な女性と一緒にいた。

「うわあ、いい女だなあ！」

まさに一目惚れだった。彼女はそれほど背は高くないのだが、そこにいるだけで場が華やかになるような雰囲気を醸し出していた。俺はそのコのことが忘れられず、ファンの女性に「また連れてきてくれよ」と頼み込み、再会するチャンスを得た。

彼女はそれまでまったくプロレスを観たことがなく、俺のことも知らなかったが、飲みに誘ったりして一生懸命モーションをかけた。何度も会っているうちに、向こうも俺の気持ちを理解したのだろう。日本レストランなどでデートを繰り返し、最終的に口説き落とした。

もちろん、プロポーズは俺の方から「一緒になってくれないか?」と言ったのだが、正確に言えば、できちゃった婚だった。俺はすでに30歳を過ぎていたし、子供ができてしまった以上、責任を取らなければいけない。

彼女の家はカトリックだったから、子供を堕ろすことは許されない。それもあって、向こうの家族はすぐに結婚を許してくれた。

早速、俺は新潟の実家に国際電話を入れ、お袋に「アメリカ人の女性と結婚することになった」と伝えた。さすがにお袋は驚いていたが、「子供ができたなら、責任を取るのが当たり前だ」と俺たちの結婚を認めてくれた。

特に結婚式のようなことはしていない。籍を入れて、自宅で内輪のパーティーを開いただけだ。ゴッチさんは、お祝いの人形を手に駆けつけてくれた。他に服部さんが来てくれたぐらいで、プロレス関係者はほとんど呼ばなかった。

結婚後、俺はフロリダに１７００坪ほどの土地と家を購入した。後にフロリダ地区を離れて各地のテリトリーに行くことになるのだが、そのたびに俺が車を運転し、助手席にはいつも女房がいた。

ちなみに、こういう仕事をしている性で、子供の出産には一度も立ち会っていない。どこかのテリトリーにいて妊娠がわかると、女房は自宅のあるフロリダに帰り、生まれたら遠征先の俺のところに連絡が来るのが常だった。

フロリダといえば、忘れられないのがゴッチさんだ。結婚話と同様に、俺はこれまでゴッチさんとの交流について積極的に語ってこなかった。それには理由がある。

日本には「ゴッチさんに可愛がられた」、「ゴッチさんの家で指導を受けた」ということをセールスポイントのひとつにしているレスラーが何人もいる。生意気な言い方かもしれないが、俺はそうしたことを自分の「売り」にしなくてもメインイベンターになれたし、他人の営業を妨害したくなかったのだ。

ただ、ここまでの話でもおわかりのように、小沢正志の時代から俺はゴッチさんの指導を受けているし、メキシコ時代のテムヒン・エル・モンゴル、そしてアメリカで誕生したキラー・カーンというレスラーはゴッチさんを抜きに語れない。

俺のフロリダの家は、ゴッチさんの自宅からそれほど遠くなく、近くのスーパーマーケットへ買い物に出かけると、ゴッチさんの奥さんにバッタリ会うこともあった。フロリダ地区でファイトしていた時期はもちろんのこと、他のテリトリーにいても自宅に帰った時はゴッチさんの家に行き、よく練習をつけてもらったものだ。

ゴッチさんの自宅には、道場のような施設はない。練習場はガレージ、いわゆる車庫だ。練習するために車を外に出すと、そこには小さなダンベルなどが置いてある。このガレージで、俺はゴッチさんと一緒にスクワットやブリッジをやったり、関節技を習ったりした。

ゴッチさんの教え方は丁寧だ。まず俺がゴッチさんに技をかけてもらい、続いて俺が同じことをやる。ゴッチさんの口から「OK、グッド！」という言葉が出たら、合格という印だ。いくらキャリアを積んでも、新しい極め方を覚えると満足感を得られる。ちなみにゴッチさんとは何度もスパーリングをしたが、俺が一本取ったことは一度もない。年齢を考えれば、驚異的な強さだった。

その頃のゴッチさんは、さすがに力強さという部分では衰えも見えたが、技のキレは素晴らしいものがあった。顔は俳優のカーク・ダグラスに似ているし、体型もレスラーとして理想的である。もし現役時代にもう少し頭が柔軟だったならば、とんでもない大スターになっていたのではないか。だが、アメリカ人のレスラーでゴッチさんのことを良く言う人間はあまりいない。プロレスラーとしては、あの真面目すぎる性格が凶と出たのだろう。

当然、ゴッチさんからは「裏技」も教えてもらった。真似をされても困るので、あまり具体的には言いたくないが、目の突き方も教わった。自分の掌の部分を相手の顎に当て、人差し指、中指、薬指の3本で目を狙えば、必ず1本はどちらかの目に入る。

耳の落とし方も習った。俺たちのように握力や腕力を鍛えている人間なら、相手の耳を掴んで捻るようにすれば、簡単に落とせる。他にも四つん這いになっている相手を簡単にひっくり返す方法など、レスリングの裏技は一から十まで教わった。

しかし、こういった技術はプロレスラーとして知っている必要はあるが、実際にやるべきではないと俺は考えている。もし試合中にイタズラ心でそんなことをすれば、すぐにレスラー仲間の間で悪評が立ち、それがプロモーターにも伝わると、試合を組んでもらえなくなってしまう。これは一般社会と同じだ。どんな会社でも、危険なことをする人間は雇わない。だから、俺はゴッチさんに習った裏技を試合で使ったことはほとんどない。

しかし、自分のポジションを維持していくためには、少しぐらいの脅しが必要な時もある。スウィート・ブラウン・シュガーが試合中にナメた態度を取った時に使ったのは、この手の技だ。プロレスラーは、対戦相手にナメられたら終わりである。しかも、この業界はこうした情報が電報のように伝わる。

「○○は関節技を知っている」

そう聞いてトラブルを避けようとする奴もいれば、試してくる奴もいる。それがプロレスという世界だ。アメリカでやっていく上で、ゴッチさんから教わったセメントの技術は、間違いなく俺の中で「自信」に繋がった。

ゴッチさんとの練習が終わると、リビングに移動してワインの時間になる。ゴッチさんは話が始まると長いことで有名だが、特に重要なことを説いているわけではない。俺の印象だと、長さのわりに内容は薄かった。

年齢のせいか、同じ話の繰り返しも多い。俺の記憶では、「昔、歯の手術をした後に医者に激しい運動を禁止されたが、無視してハードなトレーニングをした」という話が好きだった。要は練習自慢のようなものだが、ワイングラスを片手に「目一杯トレーニングしたが、私の歯は何ともなかった」と笑うゴッチさんの姿は、今でも俺の脳裏に焼き付いている。

第16章　ジョージア地区で目撃したマサ斎藤さんのシュートマッチ

正直に言うと、キラー・カーンというキャラクターがアメリカでウケた理由を俺自身も今ひとつ理解できていない部分がある。

そもそも俺はモンゴルについてあまり調べることなく、日本からメキシコに旅立った。さすがにどんな国旗なのかは確認したが、遠征先はスペイン語圏のメキシコだからモンゴル語を覚える必要はないし、鎌倉時代の元寇の話を知っていたぐらいで、実は今でもモンゴルという国の歴史や文化について詳しいことは知らない。メキシコにいる時、俺はスペイン語ができなかったから、誰かとモンゴルの話をすることは皆無だった。

アメリカに転戦後も、たまに街中でプロレスファンに声をかけられることはあっても、サインをするぐらいで長々と会話をするわけではないし、アメリカのレスラーの中には日本プロレスや新日本プロレスに来日経験のある選手も少なくなかったから、彼らを通して俺が日本人だということは知れ渡っていた。だから、レスラー仲間からモンゴルについて質問されたこともない。

モンゴル帝国の侵略を怖れていたヨーロッパならともかく、有史以来、モンゴルとアメリカの間に直接的な関わりはほとんどないはずだ。東は中国から西はロシアまで広大な地域を支配下に治めたモンゴル帝国に関して、さすがに学校の授業では習うのかもしれないが、距離も遠いし、アメリカ人にとっては他人事だろう。

逆に言えば、だからこそ「不気味な東洋人」というイメージが膨らんだのかもしれない。モンゴル人は残虐な騎馬民族で、自分たちとはまったく異なるカルチャーの中を生きているという認識ぐらいはあったはずだ。

俺がキラー・カーンに変身する以前から、アメリカのマット界にモンゴル人キャラのレスラーが何人もいたことは前に述べた。彼らが作り出した「大柄で凶暴な人種」というイメージの上に、俺はうまく乗っかることができたとも言えるだろう。ただし、歴代のモンゴル人キャラの中で俺が最も本物のように見えたという自負はある。とにかくモンゴルの民族衣装を着て入場し、奇声を発しながら打撃技を繰り出し、トップロープからダブル・ニードロップを見舞う俺のスタイルは、フロリダのテリトリーで大ウケした。

だが、いつまでもここに居座るわけにはいかない。ヒールのレスラーには賞味期限というものがある。同じテリトリーに長くいると、ファンは飽きてくるのだ。そうなると、マッチメーカーもカードが作りにくくなる。そこで無理して居座ると、徐々に扱いが悪くなっていく。

そうならないためには、自分がまだ上のポジションにいる間にテリトリーを出て、ある程度の時間を置いてから戻ってきた方がいい。俺はフロリダという土地が好きだったし、また戻って来たい場所だからこそ、必要以上に長居しない方が得策だと考えた。地元のヒーロー的なベビーフェースなら同じテリトリーにずっと居座っていても問題ないのだが、ヒールは各地を転戦して彼らを引き立てるのが仕事である。

ある日、オフィスに行くと、エディ・グラハムに呼ばれた。

「ミスター・エディ、何でしょうか？」

「お前にジョージアからオファーが来ているぞ。行ってみる気はないか？」

そろそろ別のテリトリーに移動しなければと考えていた俺にとっては、渡りに舟だった。79年11月、スティーブ・カーンとのランバージャック・デスマッチに敗れたのを最後に、俺はフロリダ地区を切り上げることになった。

その当時、ジョージア地区のプロモーターは、ポール・ジョーンズという人だった。少々カマっ気のある爺さんだったが、業界では有能なプロモーターとして知られていた。

彼が主宰するGCW（ジョージア・チャンピオンシップ・レスリング）のテリトリーで一番大きい都市はアトランタで、ここにはオムニ・コロシアムというビッグショーを開催する大会場がある。普段はローカルの会場を日々サーキットするわけだが、ジョージア地区は広いので移動は大変だ。

俺は結婚したばかりということもあり、アトランタにアパートを借りて女房と一緒に住むことにした。

この時期、マサ斎藤さん、桜田一男、ジャック・ブリスコ、ダスティ・ローデスもジョージア地区にいた。要はエディ・グラハムとポール・ジョーンズの関係が良好で、フロリダ地区の連中がここに来るというのがひとつのルートになっていたのだ。

ここには実際は日系ではないのだが、日本人キャラを通していたプロフェッサー・タナカもいた。出自に関しては複数の説があるようだが、俺は中国系の人だったと認識している。タナカのマネージャーはゴージャス・ジョージ・ジュニアだったが、同じ東洋系という括りからか彼は俺も担当することになった。

今、野球やサッカーなど海外に進出する日本人のプロスポーツ選手は非常に増えた。その際に成功するためには英語力が必要だと言われる。だが、プロレスでは英語が喋れなくても問題ない。

実際に、俺はフロリダ地区でもジョージア地区でもテレビマッチのインタビュー収録で何も喋らなかった。日常生活では困らない程度の英語は喋れるようになっていたが、俺のようなキャラのレスラーは、ミステリアスさを強調するために敢えて無言で通す。その代わりに、マネージャーが次の対戦相手に向けて罵詈雑言を吐きまくるのだ。

ジョージア地区で俺に付いてくれたゴージャス・ジョージ・ジュニアという男は、その喋りが抜群に上手かった。ルックスもユニークで、いつも光り物を身につけていた。キラキラの服を着た文字通りゴージャスな白人とモンゴルの怪人という組み合わせは、ファンの目を引いたはずである。それもあってか、俺はジョージア地区でも最初から扱いが良かった。

ここでは、レイ・キャンディ、トニー・アトラスといった黒人レスラーや、まだ若手だったブレット・ハートなど様々なレスラーと戦ったが、その中でもよく対戦したのは覆面レスラーのミスター・レスリング2号（ジョニー・ウォーカー）だった。

彼はラバーマン（ゴム男）の異名通り、関節を自由に外したり戻したりできる特異体質で、人間離れした身体の柔らかさを持っていた。俺より10歳以上も上なのだが、年齢を感じさせない戦いぶりには感心させられた。

ここでは、後にNWA世界ヘビー級王者になるトミー・リッチとも戦っている。彼のジョージア地区での人気は、日本で言えばジャニーズのアイドルのようなもので、金髪で肌も白く、若くてマスクも良かったから、女性客から黄色い歓声を浴びていた。彼は日本ではそれほど人気が出なかったが、俺のような悪人面をしたヒールと戦うと場内は沸きに沸いたものだ。

80年1月31日、ジョージア州ローマで俺はマスクド・スーパースターと組み、アンドレ・ザ・ジャイアント&ミスター・レスリング2号と戦った。アンドレとはこの後もいろいろな因縁ができるのだが、アメリカで絡んだのは、この試合が初めてのはずだ。同年2月4日にはオーガスタで、俺はプロフェッサー・タナカ&グレート・メフィストとトリオを結成し、アンドレ&ミスター・レスリング2号とハンディキャップマッチもやっている。

アメリカでアンドレはひとつのテリトリーに長期間定着せず、各地を回る。どこへ行っても絶対的なスーパーベビーフェースで、アンドレが来ると会場が満員になるからプロモーターたちも大喜びだ。

当時、プロレスファンに限らず、一般人でもアンドレのことは知っていた。聞いた話だが、アンドレがどこかに引っ越したら、町全体がパニックになったらしい。

この時期、ジョージア地区には天龍選手もいた。80年3月5日、コロンバスで俺は天龍選手とシングルで対戦し、勝利している。これは売り出し中のヒールである俺を引き立てる役目が天龍選手に振られた形だ。

誤解して欲しくないのは、アメリカでは俺が上だったと言いたいわけではない。後にジャパンプロレスの一員として全日本プロレスのリングに上がった時、俺はヒール（外敵）としてベビーフェースの天龍選手の良さを引き出したつもりだ。それがプロレスという仕事であり、常にいいカッコをしたがるレスラーは業界内で馬鹿にされる。

ジョージア地区にいた時に印象深いのがマサ斎藤さんである。ある日、斎藤さんは大学のアマレス王者と戦うことになった。これは通常のプロレスの試合ではなく、素人が挑戦してきた番外マッチだ。当然、相手は「勝てる」と踏んだのだろう。実際、この時の相手は強かった。

この国には、「アメリカンドリーム」というものがある。今は知らないが、昔はプロレスラーになりたい街の腕自慢が名を上げようと現役選手に挑戦してくることがよくあった。おそらく、向こうは斎藤さんが「五輪の元アマレス代表」ということも知った上で指名してきたはずだ。

斎藤さんとしては逃げるわけにはいかないし、素人に負けたら大変なことになる。ある意味、斎藤さんはジョージア地区のプロモーションどころか、プロレス業界全体を背負って立つことになるのだ。

試合が始まると、斎藤さんが攻められて劣勢になる場面もあった。しかし、斎藤さんが反撃に出たら、驚いた相手は身の危険を感じて途中で逃げてしまった。後で本人に聞いたら、最後はアマレスにはない「裏技」を使ったようだ。

そんな裏の職務を引き受けながら、表の仕事もキッチリこなすのが斎藤さんだ。別の日には派手なガウンを着て、テレビカメラの前で「俺の親父は零戦に乗ってアメリカの戦艦に何度も突っ込み、何隻も爆発させた」と吠えていた。

マサさんは日本人としてリングに上がっていたから、第二次世界大戦の話を持ち出してヒートを取ろうとしたわけだが、スタジオの隅にいた俺は「斎藤さん、その話は無理がありますよ。神風の特攻は、一度やったら死んじゃいますよ」と大笑いしたものだ。

ここでは、キラー・カール・コックスと組んだこともある。要はキラー・コンビだ。彼はプロレスが巧いことで有名である。ジョージア地区でもヒールとして客にかなり憎まれていたが、本当に見ていて震えあがるような表情を作っていた。

しかし、リングを降りると、イタズラ好きのユニークな人間だ。シャワーを浴びた後に、コックスがタオルを引っ張りながら何やら怒り出したことがある。

「誰が俺のタオルを引っ張ってんだ！」

しかし、よく見たらタオルの端を自分のケツの割れ目に挟んでいた。彼は、そういうジョークでみんなを笑わせるのが好きな人だった。

このジョージア地区は扱いも良かったし、ギャラもそこそこ入ったから、俺はしばらく定着したかったのだが、80年の春にトライステート地区のプロモーターのビル・ワットがたまたまジョージアに来たことで予定が狂ってしまった。ワットが俺を見て、自分のところに欲しいとポール・ジョーンズに掛け合ったのである。結局、プロモーター同士の話し合いの末、俺はワットのテリトリーに引っ張られることになった。

アトランタを引き払った俺は、女房と車でバトンルージュを目指した。ここはルイジアナ州の州都で、ワットが主宰するトライステート地区の中心地である。

前年にＭＳＷＡ（ミッドサウス・レスリング・アソシエーション）というプロモーションを立ち上げたワットは、ミズーリ州、アーカンソー州、ルイジアナ州などで興行を打っており、一大王国を築いていた。このテリトリーはジョージア地区よりも広大で、バトンルージュに近いところは自分の車で回ったが、遠方に行く時は飛行機で移動した。

いわゆる引き抜きという類の話ではないから、俺はバトンルージュにアパートを借りてトライステート地区をサーキットしつつ、途中で何度かジョージア地区に戻って試合をすることもあった。テリトリーに入ってすぐにダスティ・ローデスとのシングルマッチが組まれたことを考えると、ワットは俺の力を認めてくれていたのだろう。

ワットは空手のような技を好んでいたので、俺はこの頃からチョップを使い始めた。両腕を振り上げて、相手の首筋に叩きつけるチョップを繰り出すと、ワットは喜んでくれたものだ。これが後に古舘伊知郎さんが「モンゴリアン・チョップ」と名付けてくれた技である。

トライステート地区で俺のマネージャーを務めてくれたのは、アラブ系のスカンドル・アクバだった。基本的にアメリカ人はキリスト教徒である。イスラム教を信奉する異教徒のアラブ人と得体の知れない残虐なモンゴル人――。これぞ組み合わせの妙というやつだろう。

テレビマッチでは彼が喋りまくり、俺はその横でカメラを睨みつけていればいい。アクバは「この男はモンゴルで相撲をやっていた」などと言いながら、盛んに俺の強さをアピールしてくれた。

ここでは、トップのテッド・デビアスと抗争した。彼も試合の流れの作り方が巧く、人間性もいい。やはりテリトリーは変わろうが、トップに立つ人間の条件は同じだ。デビアスは客の感情をコントロールする術も心得ており、文句なしに一流のレスラーだった。

この一流と二流の違いを言葉で説明するのは難しい。一流のレスラーと肌を合わせると、「こちらの立場を理解してくれている」ということが試合をしながら伝わってくる。そして、お互いに観客が求めていることを察知し、自然と身体が動いていく。それによって試合の内容もどんどん良くなっていくのだ。

中には人気はあっても、プロレスが下手クソなレスラーというのもいる。ミズーリ州、アーカンソー州、ルイジアナ州といった地域は黒人の住民が多い。だから、黒人レスラーの人気が高く、特にジャンクヤード・ドッグはスーパースターだった。俺も対戦したことがあるが、彼は試合が不細工だった。

ちなみに、これは試合のことを言っているだけで、俺の中に黒人に対する差別意識はない。だが、アンドレやディック・マードックのように黒人を嫌うレスラーがいたことは確かだ。サーキットで一緒になれば、客入りを良くするために協力する部分も出てくるのだが、この国で人種差別は根深いものがあるようだ。黒人のレフェリーが俺の家に遊びに来た時、白人の彼女を盛んに自慢してきたが、そこには日本人にはわからない複雑な感情があったのだろう。

アメリカの各テリトリーには、それぞれ特色があると言われる。住んでいる人種の構成が異なるのだから、観客の好みも違って当然だ。

しかし、俺はフロリダ地区であろうが、ジョージア地区であろうが、トライステート地区であろうが、自分のスタイルを貫き通した。

昔の日本人レスラーは下駄や塩を凶器として使うのが常だったが、モンゴル人の俺はそういうものとは無縁である。この時代の俺は凶器を使わず、技だけで勝負した。

俺に言わせれば、凶器を多用するヒールは二流である。確かに凶器を使えば、ベビーフェースを応援するファンから簡単にヒートを取れる。だが、素人から「そんなものを使えば、俺だって強い」と思われるのが関の山だ。

ルイジアナでも、移動中に命の危険に晒されたことがある。そこは狭い道だった。俺が車を運転していると、向こうからトラックが来た。しかし、俺はどこか違和感を覚えた。よく見ると、荷台から何かがハミ出ていた。

「ヤバイ!」

そう思って首をすくめた瞬間、俺の車の屋根はグチャグチャになっていた。幸い、俺はどこも怪我しなかったものの、車はこの一撃で廃車となった。

この頃、俺は体重も130キロぐらいになり、レスラーとしての身体は完全にできあがっていた。巨漢のモンゴル人というキャラクター、奇声を発しながらの打撃技、そして最後はコーナー最上段から舞い降りるダイビング・ニードロップ——。俺には、それ以外の余計なものは何も必要なかった。

「俺にはアメリカという国が向いている。ここで稼ぎまくって、家族を養っていこう」

日本を発ってもうすぐ3年になろうとしていたが、女房が身籠ったこともあり、俺はこのままアメリカに永住するつもりだった。

第17章　WWFでフレッド・ブラッシーから伝授された極意

俺はトライステート地区からジョージア地区に戻った後、今度はニューヨーク（WWF）に移ることになった。

WWFからは、ジョージア地区のオフィスに名指しでオファーが来たようだ。当時、WWFもNWAに加盟していたから、プロモーター仲間やレスラーから「使えるモンゴル人のヒールがいる」という情報が伝わってもおかしくない。

メキシコのUWAに呼ばれた時、あるいはフロリダ地区に入った時には、カール・ゴッチさんが間に入ってくれた。しかし、それ以降はゴッチさんの管理下にいたわけではなく、自分の腕一本で各テリトリーを転戦し、遂にニューヨークへと辿り着いたのだ。

アメリカで戦うレスラーたちにとって、WWFはトップ中のトップが集まる特別なテリトリーであり、憧れの職場である。このチャンスを逃す手はない。

80年10月、俺は車のトランクに荷物を詰め込み、女房を助手席に、生まれたばかりの長女を後部座席に乗せて、コネチカット州ニューヘイブンを目指した。WWFから呼ばれた時点で長期にわたるオファーだとわかっていたので、俺はニューヘイブンにマンションを借りることにしたのだ。

外国人の女房がいると、賃貸の契約など交渉ごとがスムーズに行く。ここはカート・ヘニングやムーンドッグスの片割れのレックス（ランディ・コリー）も住んでいたレスラー御用達のマンションだった。

当時のWWFはニューヨークを中心に周辺の各州をテリトリーとしており、大物プロモーターのビンス・マクマホン・シニアが仕切っていた。現在のWWE代表取締役会長であるビンス・マクマホン（・ジュニア）の父親だ。この頃、息子の方はリングアナウンサーをしていたが、親父の力が絶大だったから、控えめにしていた印象がある。

WWFに入り、初めてマクマホン・シニアと対面した時のことはよく憶えている。彼は俺の姿を見るなり、こう聞いてきた。

「ユーは本当にモンゴル人なのか？」

この数年前から新日本プロレスはWWFと提携しており、マクマホン・シニアがVIP待遇で来日したこともあったが、まだ一介の若手だった俺のことは憶えていないようだ。

いや、あの頃と今とでは容姿がまったく違う。この業界を生き抜いてきた老練のプロモーターも見抜けないほど、弁髪で東洋人離れした体格を持つ俺は「凶暴なモンゴル人」を体現していたとも言える。

もちろん、俺は「ジャパニーズです」と正直に答えた。すると、マクマホン・シニアは訝しげな表情で「ジャパン？　どこかの会社に籍は残しているのか？」と尋ねてきた。俺が「ニュージャパンに所属しています」と説明すると、どこか安心した様子だった。

マクマホン・シニアは身体の大きなレスラーが好みだったが、同時にレスリングの基礎ができていて、セメントに対応できるレスラーも好きだった。だから、アマレスの強かったボブ・バックランドやアイアン・シーク（ハッサン・アラブ）のようなレスラーを高く評価していた。俺が新日本の人間とわかり、「それならレスリングの実力は問題ないだろう」と瞬時に判断してくれたのではないだろうか。

フロリダ地区やジョージア地区ではテリトリー内をレスラー全体で移動するのだが、WWFはテリトリーが広い上に大都市も多く、1日に複数の場所で興行を打つこともあったため、レスラーは2～3の班に分かれて移動する。

俺はその中のトップグループ、いわばA班にいきなり組み込まれた。A班にはWWFヘビー級王者のボブ・バックランドがいて、彼と一緒に各地を回る。WWFのギャラは、中堅辺りでも他のテリトリーとはかなり違う。大都市ニューヨークを抱えているだけでなく、地方でも大きな会場を押さえていたから、それだけ実入りが多いのだ。

この時期のWWFの現場を仕切っていたのは、ジノ・マレラ（ゴリラ・モンスーン）だった。彼は必ず会場にいて、他にはベビーフェース側のマネージャーのアーノルド・スコーラン、インディアンのキャラクターでリングに上がっていたチーフ・ジェイ・ストロンボー、日本に何度も来日したことがあるパット・パターソンなどがバックステージで力を持っていた。選手たちは、彼らからギャラやスケジュールを渡される。

WWFでは、最初からフレッド・ブラッシーが俺のマネージャーに付いてくれた。スタン・ハンセンやハルク・ホーガンもそうだったように、あの頃のWWFは売り出すヒールにはブラッシーが付く。

俺がブラッシーに初めて会ったのは、日本プロレスの若手時代だ。新日本プロレスにも来日したことがあるし、旧知の間柄の彼がマネージャーになると聞いた時は嬉しくもあり、心強かった。

子供の頃に観た力道山との激闘も、俺の記憶の中で鮮明に残っていた。嚙み付き攻撃で知られるブラッシーはレスラーとしてヒールを演じていたが、素顔はハートのいい人間である。

もちろん、彼の奥さんが日本人だということも知っていた。ミヤコ夫人に初めて会った時、昔の日本女性らしく「小沢さん、ウチの主人をよろしく頼みます」と丁寧に頭を下げられたので、俺は「いやいや、とんでもないです。こちらこそお世話になっています」と恐縮するしかなかった。試合が忙しくてブラッシーの自宅に一度も遊びに行けなかったことは、今でも残念でならない。

後から聞いたのだが、この時はブラッシーの方から、「キラー・カーンのマネージャーをやりたい」とWWFのオフィスに申し入れたようだ。これは俺と組めば、金が稼げると考えたということである。

俺がメインイベントに出た時に観客が入られなければ、もらえるギャラは低くなるし、マネージャーの取り分も低くなる。逆に会場がフルハウスになれば、俺にもマネージャーにも、それに見合った金額が入ってくる。俺を高く買ってくれたブラッシーの期待を裏切るわけにはいかない。

ブラッシーから言われた言葉で忘れられないものがある。それは試合に関するアドバイスだった。

「カーン、相手が攻撃してきても、すぐに受け身を取るな。受け身を取れば、楽かもしれない。でも、耐えることも大事なんだ。攻撃を耐えて耐えて、3回目、4回目で受け身を取れ。俺が日本の観客をヒートアップさせたのは、力道山の空手チョップは受けても倒れず、5発目で大きく受け身を取ったからだ。観客が〝この男はどうして倒れないんだ!?〟と思っているところで、受け身を取るんだ。お前には正直に話すが、力道山のチョップは物凄く痛かった。でも、それを敢えて俺は堪えた。そうすると、観客は熱くなる。もちろん、その時に平気な顔をしていたらダメだ。痛みを堪えながら、耐えることが大事なんだ。それによってレスラーの凄味も伝わるし、受け身を取った時に観客の感情も爆発する」

80年秋にWWF入りを果たすと、"銀髪鬼"フレッド・ブラッシーが俺のマネージャーを務めてくれた。ブラッシーはスタン・ハンセンも担当しており、こんなスリーショットが実現したこともある。

その含蓄のある言葉に、俺は頷くしかなかった。俺はブラッシーのヒール哲学を胸にしまい込み、彼と二人三脚でWWFのサーキットをスタートさせた。

WWFでは週に1回、ペンシルベニア州のアレンタウンという場所でテレビ収録が行われる。これはビッグマッチに向けたプロモーションが目的だ。格下の無名レスラーを一方的に叩きのめし、テレビカメラに向かってビッグマッチで戦う相手を罵倒するのが定番である。

プロレスのマネージャーは、観客を熱くさせる話術を持っていないと務まらない。ブラッシーは現役時代から喋りの巧さには定評があったから、そういう面では最高のサポートをしてくれた。

ＷＷＦが本人の提案を受け入れてブラッシーをマネージャーに付けてくれたということは、俺に対する期待の表れでもある。あとは俺自身が今まで培ってきたものを最大限に発揮すればいい。最高のマネージャーを手にした俺は、明るい未来しか見えていなかった。

しかし、ＷＷＦに入ってそれほど日が経たないうちに、新日本の新間さんから連絡が来た。嫌な予感がしたが、やはり帰国の打診だった
「今度、『ＭＳＧタッグ・リーグ戦』というシリーズが始まる。小沢、日本に帰って来てくれないか?」

詳細を聞くと、俺と長州力を組ませてリーグ戦に組み込むという。だが、今はニューヨークでやって行けるかどうかの正念場だ。そもそも日本に帰るつもりはなかったし、俺にとっては旨味のない話である。

「新間さん、申し訳ないですけど、俺は今が一番大事な時なのでアメリカを離れるわけにはいかないんです。だから、今回は勘弁してください」

口調は丁寧ながらも、俺ははっきりと帰国を断った。すると、予想外の返答だったのか、新間さんは「お前は新日本の選手なんだぞ!」と電話口で怒り出した。

しかし、俺に対して怒っても、ＷＷＦの都合というものもある。俺はマクマホン・シニアの方か

ら誘われてニューヨークに移ってきたのだ。WWFも売り出し中の俺を手放す気はないだろう。

しかも、この時に新間さんはギャラのことを一切口にしなかった。俺には女房もいたし、子供もできたから、金を稼ぎたいという気持ちも強かった。いくら新日本の所属だからといっても、海外では自分の稼いだ金で生活してきたし、日本を発つ前とは違い、トップレスラーになったというプライドもある。

それなのにギャラを提示せず、一方的に「帰って来い！」では話にならない。もちろん、日本は恋しかったし、故郷にいるお袋や兄弟、友達たちにも会いたかったが、ギャラの話をまったく口にしない新間さんに不信感を抱いた。

当然、会社は俺のことを新日本の所属選手と捉えていただろう。それは理解できる。早い話、アメリカで活躍している俺を使えば、同じランクの外国人レスラーを招聘するよりも経費をかなり節約できるというカラクリだ。それが見え見えだったことも、俺には腹立たしかった。

結局、俺の帰国話はマクマホン・シニアが間に入って、ご破算となった。

「今、キラー・カーンはWWFに必要だから手放せない」

こう言われたら、さすがに新間さんも引き下がるしかない。当時、新日本はWWFからアンドレ・ザ・ジャイアントやボブ・バックランドなど多くのトップレスラーを借りていたし、提携関係がこじれたら団体の存亡に関わる。

それと同時にマクマホン・シニアの一言は、「頑張れば、WWFでも上のポジションを狙えるかもしれない」という俺の希望的観測を確信へと変えてくれた。

第18章　プロレスラーとして成功するには何が必要か？

俺の帰国話が流れた直後、80年12月に新日本プロレスからアマレス出身の若手レスラーがWWFに送り込まれてきた。マクマホン・シニアに紹介されたその選手は、谷津嘉章と名乗った。話を聞くと、谷津は新日本にスカウトされて、2ヵ月前に入団したばかりだという。

実は谷津とは、これが初対面ではない。まだメキシコにいる時に、ゴッチさんに誘われて現地で開催されていたアマレスの大会を観に行ったことがある。なぜかゴッチさんは浜田には声をかけず、俺だけが連れて行かれた。

その時の写真が今でも手元にある。当日、試合に出ていたのが日本から遠征に来ていた谷津だった。しかし、その時は会話もしていないし、俺自身も後から写真を見て谷津がいることに気付いたくらいだから、印象は薄かった。

ニューヨークに来た谷津は、その時点でプロレスのプの字も知らないド新人だった。まだ試合の経験はなく、WWFでデビューするというから、新人レスラーとしては長州以上の破格の待遇だ。

一緒の班でサーキットをした時、俺は谷津にプロレスの基本的な技術をよく教えたものだ。彼はアマレスをやっていたから、確かに相手のバックを取ったり、テイクダウンさせるのは巧かった。だが、それだけではプロレスにはならない。ロックアップ、ヘッドロック、ロープワークなど基本

メキシコにいた頃、カール・ゴッチさんに連れられてアマレスの大会へ行くと、選手団の中に谷津嘉章（後列左から4人目）がいた。この時期の俺は、プライベートでは帽子を被って弁髪を隠していた。

的な動きができないと、いくら相手がリードしてくれるといっても限界がある。

谷津は新日本にスカウトされた時に、かなりの額の支度金をもらったと言っていた。谷津はこの年のモスクワ五輪出場を日本がボイコットしたためにアマレスに見切りをつけてプロレスに転向したが、出ていればメダルは確実と言われていた強豪だ。会社としては、そんな「幻のメダリスト」を将来のエースとして考えていたはずである。

俺たちの世代は若手の頃にゴッチさんに練習をつけられ、海外に行く時もゴッチさんがブッキングしたテリトリーに送られたものだが、谷津はまったく違う育て方をされた。その理由は、この時期に新間さんとゴッチさんの仲が悪化していたことが関係しているのかもしれない。

ちなみに谷津とは年が明けてから、81年

2月17日にニュージャージー州のノースバーゲンで戦ったことがある。ジョージア地区で天龍選手と戦った時と同じように、俺はモンゴル人のヒールだし、谷津は日本人のベビーフェースだったから、対戦しても観客は違和感を抱かない。

試合は時間切れのドローに終わったが、WWFとしては実戦を通して谷津にプロレスを教えてほしいと考え、こういうカードを組んだのだろう。谷津にはパット・パターソンがマネージャーとして付いたから、プロレスを知り尽くしている彼からもいろいろと学んだはずだ。

話は戻るが、谷津が来た直後の80年12月29日に俺は初めてマディソン・スクエア・ガーデンのリングに立ち、ボブ・バックランドの持つWWFヘビー級王座に初挑戦した。会場には1万9000人の観客が来場し、フルハウスになった。

この日は、新日本の主力選手たちも試合に出た。谷津は第1試合でホセ・エストラーダ、坂口さんも前座でザ・サモアンズのシカと戦い、藤波選手はドン・ダイヤモンドとWWFジュニアヘビー級王座、猪木さんはボビー・ダンカンとNWFヘビー級王座のタイトルマッチを行った。当然、メインは俺とバックランドの試合である。

この大会は猪木さんたちが出ることもあって、日本からテレビ朝日のクルーが撮影に来た。後で聞いた話だが、『ワールドプロレスリング』では猪木さんとダンカンの試合がメインのように扱われていたそうだ。

しかし、それがトリックだということは誰にでもわかるだろう。WWF王者のタイトルマッチを差し置いて、猪木さんの試合がガーデンの興行のメインに組まれるなんてことは有り得ない。この話を聞いた時は、「日本では俺より猪木さんが上だから、そうなるのか…」と苦笑するしかなかった。

この試合後、猪木さんに誘われてレストランに連れて行かれ、久しぶりに一対一で話をした。俺は「アメリカ人と結婚しました」と報告し、女房の写真を見せた。

猪木さんは「小沢、おめでとう」と祝福してくれ、その場で300ドルをくれた。結婚のご祝儀である。後に俺のギャラは猪木さんがサイドビジネスとして運営していたアントンハイセルに回すために相当抜かれていたから、それぐらいの金をありがたがる必要はないのだが、この時は素直に嬉しかった。

WWF時代、俺はバックランドのタイトルに20回以上挑戦している。どの会場でも満員だったから、このカードは現地のファンに支持されていたということだ。

バックランドは色白で、いかにもアメリカンな顔立ちをしている。だから、「この男はモテるはずだ」というのが彼を最初に見た時の印象だ。ボディビルダーのような筋肉隆々の肉体ではないが、レスラーらしい身体をしていたし、アマレスの実力も相当なものである。実際に肌を合わせてみると、チャンピオンを張るだけの素質を持っていることはすぐにわかった。

ただ、彼はあまり派手さがなかったので、日本のファンには具体的にどこが凄いのか伝わりにくかったかもしれない。バックランドを一言で評せば、「職人気質のレスラー」だ。いわゆるオールマイティーなタイプで、歴代のWWF王者の中では少し異質かもしれないが、マクマホン・シニアには非常に可愛がられていた。

この時期はペドロ・モラレスがＷＷＦインターコンチネンタル王者で、彼とのシングルマッチも20回以上組まれたはずだ。

モラレスとは、お互いに思い切りチョップを打ち合う試合をした。彼の得意技のボディブローは、見た目以上に利く。だから、お返しに本気で腹にパンチを入れてやったこともあった。

だが、これはミル・マスカラスやスウィート・ブラウン・シュガーのような輩とやった試合とは性質が異なる。後で聞くと、俺の人間性はモラレスの耳にも伝わっていたようだ。

性格の悪い選手とは関わりたくない——。これがレスラーの本音である。モラレスは俺の人間性を信じていたから、こちらの技を受けてくれたし、俺も彼のすべてを受け止めた。こういうことは信頼関係があればこそ成り立つものなのだ。これも一般人には、なかなか理解できない感覚かもしれない。

前に述べたように、プロレスラーとして成功するには際立った個性や誰にも真似のできない必殺技が必要だ。しかし、俺の持論では、最も大切なのは「人間性」である。

「そんな馬鹿な！　強さや巧さじゃないのか？」と思う読者もいるかもしれない。もちろん、それらも必要だが、プロレスラーも人間だ。最終的には人間性の良し悪しが仕事に大きく影響する。

これはどんな職業でも同じだろう。性格の悪いレスラーは、どのテリトリーへ行っても疎まれる。逆に性格が良ければ、レスラー仲間にも好かれるし、プロモーターにも可愛がられる。そうすれば、ポジションも自然と上がっていくということだ。

この業界の情報伝達速度は、異常に早い。「〇〇は性格が悪い」、「〇〇が試合で意地の悪いことをした」と誰かが言えば、それが瞬時にレスラー仲間に広まり、最終的にはプロモーターの耳にも入る。だから、売り出されているレスラーの足を引っ張るために意図的に悪い情報を流す人間もいて、俺も「キラー・カーンはコカインをやっている」などとデマを流されたことがあった。

その時は、ハーリー・レイスが「カーンはそんなものをやる人間じゃない」と噂を打ち消してくれた。俺に言わせれば、トップレスラーと言われている人間は基本的に性格が良いし、困っている選手がいたらヘルプしてくれる。それによって信頼関係がより深まり、それが試合の質の向上にも繋がり、最終的にプロレスというビジネスも上がっていくのだ。

ただし、先ほども言ったように性格の良さだけで成功できるわけではない。それ相応の技術を持ち、素人に挑戦されても負けない強さを持っていないと上には行けない。もし素人に喧嘩をふっかけられて、のされたりするようなことがあったら、その瞬間にレスラーとして終わりだ。俺の知る限り、素人に負けたプロレスラーは一人もいない。大相撲とプロレスを経験した俺から言わせれば、そもそもプロとアマでは根性が違うのだ。

信頼関係という点で言えば、パット・パターソンとも本当にいい試合ができたと思っている。彼は日本人が大好きだったし、新日本に来日した時、俺が若手として雑用で走り回っていたことを知っていたから、最初から受け入れてくれた。

パットが試合中に見せる「定番シーン」がある。コーナーに上がった時、対戦相手に殴られる。すると、パットはバランスを崩して、トップロープに股間を打ちつけてしまうというムーブだ。

実はパットは仲の良いレスラー、自分が認めたレスラーが相手の時にしか、あれをやらない。もちろん、俺と試合をした時はやってくれた。

それにしても不思議なのは、パットはタマが痛くなかったのだろうか。WWFのロープは日本のリングに比べると張りがなくて緩いのだが、それでも中に太いワイヤーが入っているという構造は変わらない。

あのムーブを俺はやったこともないし、やれる自信もない。パットは何度もやっていたから、急所をモロに打たない秘訣があるのだろう。パットはそっちの気があることで知られており、最初は「タマを取ってるのか⁉」と本気で疑ったが、少なくとも俺は最後まであのムーブのタネを見破ることができなかった。

逆に言えば、そんなことができるパットはプロレスの天才だ。彼は後にWWFのオフィスに入ってブッカーとしても成功するが、当時からプロレス的な頭の良さは際立っており、マクマホン・シニアからも信頼されていた。

81年には短期ながら、新日本からストロング小林さんがWWFに送られてきた。国際プロレスのエースだった小林さんは日本では俺より遥かに有名なレスラーだったが、WWFでは前座だった。

あの人にはいろいろな噂があり、それを打ち消すために結婚したものの、うまく行かなくて別れてしまったという話を耳にしたことがあった。小林さんは足がなかったから車で一緒に移動することも多かったが、さすがにその件については自分から切り出せなかった。

ところで、WWFでバックランドやモラレスと抗争していた頃、俺は「チンギス・ハーンの末裔のモンゴル人」という設定になっていた。だから、それを真に受けた本物のモンゴル人に街で声をかけられたこともある。

しかし、まさか「本当は日本人だ」と言えるはずもない。とはいえ、モンゴルの話をされても俺にはさっぱりわからない。だから、そういう時は「俺は小さい頃に国を離れたから…」と言って、ごまかしたものだ。

ニューヨークの寿司屋に行った時には、日本人の大将に「カーンさんはモンゴル人なのに、日本語が上手ですね」と言われた。日本人でさえこうなのだから、アメリカの観客で実は俺が生粋のジャパニーズだと見抜いた人間は一人もいなかったと俺は信じている。最高のキャラクターを授けてくれたゴッチさんには、改めて感謝の言葉しかない。

第19章　藤原喜明との「不穏試合」は、誰が組んだのか？

ＷＷＦで売れっ子のヒールになった頃、新日本から再びオファーが来た。さすがに2度も断るわけにはいかず、俺は1シリーズだけ参戦することを決めた。77年の暮れにメキシコに旅立って以来、約3年ぶりの帰国である。

81年3月6日に勝田市体育館で行われた『ＷＷＦビッグ・ファイト・シリーズ第1弾』開幕戦で俺は猪木さんと組み、ハルク・ホーガン&ドン・ムラコと対戦した。もちろん、このカードはメインイベントだ。やはりアメリカで名前を売ると、日本での扱いも違ってくる。この日は、奇しくも俺の誕生日だった。

後にＷＷＦで抗争することになるホーガンと戦ったのはこの時が初めてだが、実はフロリダ時代から面識があった。

当時、ホーガンはファンとしてプロレス会場に出入りしていた。ボディビルで鍛えていた彼の身体を見て、俺は「プロレスラーになったらいいんじゃないか」とアドバイスしたのだが、その言葉に勇気づけられたのか本当にこの業界に飛び込んできた。ホーガンは俺の女房とも仲が良く、その頃から気心が知れた間柄である。パートナーのムラコもフロリダで一緒だったし、凱旋試合の相手としては最高のチームだった。

3年ぶりに「キラー・カーン」として新日本プロレスに凱旋帰国。シリーズ中、俺はメインイベントで何度も猪木さんのパートナーを務めたが、ギャラの面ではトップ扱いされなかった…。

ある人から聞いたのだが、俺が凱旋した時、モンゴル人キャラを恥ずかしがってマスクを被ろうとしたという噂があるらしい。だが、それは事実ではない。新日本が求めていたのは「小沢正志」ではなく、WWFで活躍している「キラー・カーン」だ。それは日本のファンも同じだろう。後に高千穂さんはザ・グレート・カブキとして全日本プロレスに凱旋するのは嫌だったそうだが、俺は特に抵抗はなかった。

ただし、会社には「モンゴル人」という肩書きは外して欲しいとお願いした。そもそも日本のプロレスファンの多くは、俺が小沢正志という名前でリングに上がっていたことを知っている。さすがにモンゴル人で通すのは無理があるし、俺としても日本では「日本人」として戦いたかったのだ。テレビ中継で「今日は小沢選手の誕生日です」と解説していたようなので、俺の真意はちゃんと伝わっていたと思う。

ＷＷＦをサーキットしている時は「日本に帰りたくない」という気持ちしかなかったが、いざ帰って来ると、やはり嬉しくもあり、懐かしさがこみあげてきた。何だかんだ言っても、やはり俺は日本人だということだろう。俺の知らない新人レスラーも増えており、野毛の道場に久々に行った際、前田日明が挨拶してくれたことを憶えている。

このシリーズにはホーガン、ムラコの他に、タイガー・ジェット・シンや上田馬之助さんも参加した。俺の扱いは海外に出る前とは違い、この辺りの選手と同格になっていた。

そこで問題となるのがギャラだ。俺はリング上では日本陣営に入ったものの、このように1シリーズだけ参戦する場合、通常は外国人レスラーと同じ扱い、つまり1試合いくらではなく、試合数に関係ない『週払い』になる。当時の俺のランクだと、週2万ドルぐらいが相場だった。

しかし、この時は週払いではなく、日本人選手と同じ試合給で確か7000～8000円ぐらいだった。金のことでネチネチ言うのは嫌だったから俺は黙って受け取ったし、メキシコに発つ前の若手時代に比べたら確かに金額は上がっていたが、俺はこの仕打ちに「もう日本はいいや。やっぱりアメリカで頑張ろう」と決意を新たにした。

ただ、新間さんが帰国前に「こっちで金を出してやるから、家族も連れて来いよ」と言ってくれたことは嬉しかった。今になって思えば、俺がもらうはずのギャラがアントンハイセルの運転資金に回されていたから、感謝する必要もないのだが…。

このシリーズでは藤原喜明とも久々に当たったが、以前のような勝ったり負けたりの関係ではなくなった。

一部では、この時の俺と藤原のシングルマッチが「不穏試合」として有名なようだ。例によって、この件も誤解や複数の説があるようなので、俺の立場から真実を書き記しておきたい。

発端は、3月13日の福山市体育館大会だった。その日、俺はセミ前で上田さんとのシングルマッチが組まれたのだが、いざ花道を入場してリングに上がろうとしたら、階段が通常とは逆向きに設置されていた。

「あれっ、若手の誰かが慌てて反対に置いたのかな？」

俺はそう思いながら、リングに上がり、上田さんと試合をこなした。

階段を間違えて設置したからといって、別に激怒するようなことではない。だが、俺の後に猪木さんや藤波選手が試合をするので、控室に戻ってから若手に「誰がやったか知らないけど、階段が逆だったぞ」と注意すると、意外な言葉が返ってきた。

「あれは藤原さんがされたんですよ」

「えっ、藤原が!?」

どうして、藤原はそんなことをしたのか。理由は、すぐにピンと来た。

藤原にしてみれば、一緒に西ドイツに遠征した時は同格だった俺がアメリカで成功し、いざ凱旋したら上の方で使われていたから、ジェラシーを感じたのだろう。しかし、この振る舞いはマナー違反だ。その夜、宿舎に戻ってから俺は藤原に文句を言った。

「藤原、何だ、あれは！」

しかし、藤原はとぼけた表情を浮かべ、謝ろうとしなかった。

「お前なあ、プロレスは強いだけじゃダメなんだぞ。人間性も大事なんだからな。人間性が認められなかったら、上がれるチャンスももらえないんだぞ」

俺は正論を言ったつもりである。しかし、その言葉にカチンと来たのか、藤原が俺に向かってきた。周りの人間が止めに入ったので、その場は乱闘になることなく収まったが、俺はひとまず怒りを抑えて自分の部屋に戻った。

おそらく、この話が上の人間にも伝わったのだろう。翌14日、下松市体育館でいきなり俺と藤原のシングルマッチが組まれた。誰が言い出したのかは知らないが、当時は地方のカードは坂口さんが組んでいたはずである。

俺はプロとして、リング上とプライベートを完全に分けるタイプだ。だから、普通に試合をこなすつもりだったが、リングに上がってみると、藤原はいきり立っている。昨日の件を引きずっているのは明らかだった。

試合が始まった途端、藤原がセメントで来た。ただし、俺もゴッチさんに習ってきたので対応できる。リング上の不穏な空気を察した北沢さんがリングサイドに飛んで来て、「お前ら、何やってんだ!」と俺たちを落ち着かせようとした。結局、最後は普通の試合に戻り、俺が勝ったのだが、控室に戻っても藤原は謝ってこなかった。

それを見て、上の人間はこれ以上関係がこじれたら余計なトラブルが起きると思ったのだろう。俺と藤原は北沢さんの仲介で和解しただけでなく、翌日の大会ではタッグまで組まされた。これが

「不穏試合」の真相である。

後年、俺が歌舞伎町で店をやっていた時、藤原が来店したことがある。

「おお、藤原、元気かあ」

「どうもお久しぶりです」

あの件は俺たちの間でとっくに消化済みだったが、藤原は改めて謝罪してきた。

「俺も若かったから…小沢さん、あの時は申し訳なかった」

「いやいや、こっちも若かったし、お互いにそれぐらいの気持ちがあったから」

断っておくが、俺は藤原を非難する気はまったくない。あの状況で俺にジェラシーを抱かないようでは、そもそもプロレスラーとしてダメだろう。このように藤原とは完全に和解しており、たまに電話でやりとりをするなど大人の付き合いが今でも続いている。

さて、このシリーズ中には俺にとって大事な大会があった。3月24日、三条厚生福祉会館。俺の故郷の隣町である。俺はこの日もメインで猪木さんとタッグを組み、シン&上田組と戦った。

お袋とは国際電話でよく喋っていたので、俺のアメリカでの活躍は知っていたし、喜んでくれていた。だからなのか、お袋からも兄弟からも「日本に帰って来い」と言われたことは一度もない。

実家には、女房と長女も連れて帰った。結婚したことは事前に伝えていたが、実際に女房の姿を見ると、やはりみんな目を丸くしていた。

故郷の旧友たちとも久々に会って、酒を酌み交わしながら昔を懐かしんだ。その時、友人の一人に「全然変わらないね。MSGのメインを取ったんだから、もう少し偉そうにしているのかと思った」と言われたが、とんでもない話である。俺は、そんなことで人間性が変わるような男ではない。

「小沢ちゃんらしいね」

故郷を離れて大相撲の世界に飛び込んでから、ちょうど18年が経っていた。相撲取りとしては出世できなかったが、プロレスの世界に入ってアメリカでそれなりに成功し、故郷に錦を飾れたことはこの上なく誇らしかった。

第20章　俺の人生を変えたアンドレ・ザ・ジャイアント足折り事件

凱旋シリーズを終えると、俺はすぐに日本を発ち、再びＷＷＦのサーキットに合流した。その直後、俺の運命を大きく変える出来事が起きる。それが俗に言う「アンドレ・ザ・ジャイアント足折り事件」だ。

81年4月13日、ニューヨーク州ロチェスターのウォー・メモリアルで開催された興行で、俺とアンドレの一騎打ちが組まれた。ＷＷＦに入ってから、アンドレとシングルで戦うのはこの日が初めてである。この会場は収容人数1万人ほどのアリーナで、当日は９６４６人の入場者があったという記録が残っている。

正直言って試合全体の内容はうろ憶えだが、その瞬間のことは鮮明に記憶に残っている。開始から10分が過ぎた頃、それまで優勢だったアンドレの隙を衝いて俺が反撃に出た。アンドレがロープ際にもんどり打って倒れ込んだので、ここが攻め時と判断した俺はニードロップをお見舞いするつもりで、コーナー最上段に昇った。

しかし、アンドレは起き上がろうとしたのか、転がるように移動し始めた。俺はすでにコーナーから飛んでいたので、急カーブなどできるはずがない。それでも俺は軌道を変えようと試みたが、アンドレが思わぬ方向に動いてしまったので、俺の膝が彼の足首に当たってしまったのだ。

その瞬間、鈍い音がした。レフェリーも慌てていたし、俺も動揺していたので、そこから先は記憶が飛んでいる。記録の上ではアンドレが13分21秒に俺をピンフォールしたことになっているので、最後は何とか試合を成立させたのだろう。

終了のゴングが鳴ると、レフェリーが近づいてきて耳元で囁いた。

「カーン、ヤバイから急いで帰れ」

言うまでもなく、アンドレはニューヨークでも超が付くほどの人気者だ。怪我をさせたとなると、ファンが黙っていない。俺は警備員にガードされながらバックステージに戻り、そのまま試合場を引き揚げた。

それから2～3時間後、会場に置いてあった俺の荷物を同じマンションに住んでいたカート・ヘニングが持って来てくれた。彼にその後の様子を尋ねると、アンドレは病院に搬送されたという。

結局、アンドレは入院し、マスコミを通して俺に対する怒りをぶちまけ始めた。

「カムバックしたら、カーンをぶっ殺してやる!」

もちろん、こうしたコメントはビジネスを盛り上げていくための手段のひとつなのだが、たまたま女房の母親がアンドレの発言をラジオで聴いてしまった。真に受けた彼女は、俺に深刻な表情で忠告してきた。

「あなた、アンドレに殺されるかもしれないわ。もうプロレスなんて辞めた方がいい」

しかし、俺はアンドレとは気心が知れていた。新日本の若手の頃、外国人の世話係としてアンドレのサポートもしたし、ホテルでちゃんこを作ってあげたこともある。ＷＷＦに来てからも、アンドレは俺の活躍を喜んでくれていた。

とはいえ、敵同士だから病院にお見舞いに行くことはできない。そんなところをファンに見られたら、プロレスというビジネスは終わりだ。だから、俺の代わりにマネージャーのフレッド・ブラッシーが病室に行ってくれた。

ブラッシーは対面するなり謝ったそうだが、アンドレは「ノープロブレム。俺の足が治ったら、この因縁を使って2人で金儲けしよう」と笑っていたという。それを聞いて、俺は「やはりアンドレはプロ中のプロだな」と感心した。

あの怪我は骨折と言われているが、実際は少しヒビが入った程度だったらしい。だが、原則としてプロレスでは対戦相手に怪我させ、ましてや欠場に追い込むということはあってはならない。

これは難しい問題で、怪我をさせた方が悪いのか、した方が悪いのかは判断がわかれるところだが、とにかくレスラーが最も恐れるのは怪我だ。リングに上がれないほどの怪我を負ったら、レスラーは仕事にならない。そうなれば、収入も入ってこない。プロモーターの立場から見れば、予定していた試合に穴が空くし、それが人気レスラーであればあるほど大問題である。

全米で売れっ子のアンドレを欠場に追い込んだことは俺も反省しているが、プロレスという商売をやっている限り、この手のアクシデントを避けることはできないというのが実情だ。

俺はアンドレの前にも、何人かの選手を怪我させてしまったことがある。フロリダ地区にいた頃、リック・マグローの胸を負傷させて入院に追い込んだが、この時も原因はニードロップだった。他にも名前は忘れたが、フロリダで金髪のレスラーを怪我させたこともある。相手の足が一番下のロープにかかっている時に俺がニードロップで飛び降り、当たりどころが悪かったのか、足首が壊れて彼も入院してしまった。

試合で対戦相手に怪我をさせないようにするのも「プロの技術」なのだが、お互いにギリギリのところでやっているから、ある程度の怪我は仕方のない部分がある。相手に気を遣いながら試合をしていたら、観客を白けさせてしまうだけだ。

このようにプロレスにアクシデントは付き物だが、怪我をしたからといって相手を恨むレスラーはいないし、いちいち恨んでいても仕方がない。俺だって、相手の攻撃で歯が欠けたり、折れたりしたことが何度かある。下の歯は丈夫だが、上の歯は意外と脆いものだ。しかし、向こうは折ろうとして攻撃してきたわけではないし、クレームは一切つけなかった。

プロならば、起きてしまったアクシデントを利用して新たなストーリーラインを作り上げ、次の商売に繋げていくのが正しいやり方だ。そういう意味では、アンドレも根っからのプロレスラーということだ。

アンドレが足を骨折したというニュースは全米どころか全世界に轟き、俺には「アンドレの足を折った男」という新たな肩書きが付け加えられた。当然、プロモーターのビンス・マクマホン・シニアもこれをチャンスと捉え、俺とアンドレの抗争を売り出し始めた。

アンドレは6月に復帰し、7月から俺との抗争が本格的にスタートする。時折タッグマッチも組まれたが、ほとんどがシングルマッチだった。実はアンドレがアメリカで誰かとシングルで抗争すること自体が非常に珍しい。おそらくパット・パターソンが考えたと思うが、さすがにＷＷＦは盛り上げ方が上手かった。

ある日、アナウンサーのマクマホン・ジュニアがテレビ収録で他の選手をインタビューしている時、ブラッシーが「カーン、付いて来い」と合図してきた。俺たちはインタビューを妨害し、ブラッシーがカメラに向かってアンドレを挑発しまくる。そこにアンドレがやって来て、乱闘のスタートだ。そして、その直後に大きな会場で俺とアンドレの試合が組まれる。

頭脳明晰でいろいろな引き出しを持っているパットは、こういうことを考えさせたら天才的だ。観客が入るストーリーラインを考えるのが彼の役割で、実行するのが俺たちである。

ANDRE THE GIANT STALKS KHAN THE KILLER

Andre the Giant is normally one of the most mild mannered of all professional grapplers. Although his size and strength are far above that of the average member of his profession, Andre has been know to restrain himself against much weaker foes. With his tremendous size and strength advantage over most opponents, Andre could have, if he wanted to, a reputation of sending his foes to the hospital.

Now that has all changed. Andre for once is stalking a foe and that foe is Killer Khan. This feud started some months ago when Khan managed to break Andre's ankle during a match in Rochester, New York. Andre spent many weeks in the hospital, and then was on crutches for several weeks more. During that time Khan and his manager, Fred Blassie, never missed a chance to brag about how they had broken the leg of The Giant and put him out of wrestling for good. This taunting really got to Andre, and that is why The Giant is determined to destroy Killer Khan when he gets him in the ring. This feud will probally never be settled as long as both men are able to walk out of the ring after a match. Khan's manager, Mr. Blassie, has stated that Andre is just the first in a long line of broken bodies that Killer Khan will leave in his wake. Blassie predicts that among those who will soon follow Andre to the hospital are Bob Backlund, Bruno Sammartino, Tony Garea, Rick Martel, Pedro Morales, Pat Patterson, and S.D. Jones. Andre, however, has returned from the hospital and is back in the ring determined to end Khan and Blassie's reign or terror right now.

"The Eight Wonder Of The World" as The Giant has often been called is an awesome man at any time. Now that the once gentle Andre is aroused and angry, Killer Khan may find out that he and Fred Blassie have bitten off more than they can chew.

WWFのパンフレットに掲載されたアンドレ・ザ・ジャイアントと俺の抗争を煽る記事。俺たちの戦いはドル箱カードとなり、WWFの枠を飛び越えて他地区でも組まれるようになっていく。

アメリカでは、ただ試合を組んでいるだけではファンの関心を引くことはできない。1年のうちに何度も同じ場所を回るので、ストーリーが盛り上がったら、その熱が冷めないうちに「連続ドラマ」を作って観客の興味を持続させるのだ。

アンドレは欠場中に普段はプロレスを扱わないような雑誌にも登場して、

俺に対する怒りを爆発させた。だから、ファンの飢餓感はマックスに達していたのだろう。俺とアンドレの対決は、どの会場でも盛り上がり方が尋常ではなかった。

ご存じのように、アンドレは公称で身長が2メートル23センチ、体重が236キロという桁外れの肉体を持っている。ただ、あれだけの巨漢でありながら、本当にプロレスが巧かった。お互いに殴り合う際もアンドレは相手に怪我をさせないようにしながら迫力のある攻めを見せ、その上で相手のいいところも引き出す術を心得ていた。俺と戦う時も、こちらの見せ場をちゃんと作ってくれた。だから、観客はヒートする。

アンドレは「自分はもう少しやられていた方がいい。それから反撃した方が客が喜ぶ」ということを戦っている最中に瞬時に頭の中で計算して、それを実行できるレスラーだった。日本で言えば、猪木さんもそうなのだが、プロレスというものを知り尽くしており、試合の組み立て方は素晴らしいものがあった。

レスラーは基本的に身体が柔らかくなければいけないのだが、アンドレはああ見えて非常に柔らかい上に運動神経も抜群で、レスリングのセンスもある。もちろん、自分の大きな身体をどう動かせば、見映えがいいかも熟知していた。「一流中の一流」という言葉は、彼のようなレスラーにこそ相応しい。

ある時、俺が40年にわたってお世話になった落語の立川談志師匠が、しみじみとこんなことを言ったことがある。

「小沢、プロレスラーは凄いな。俺は映画も好きだけど、映画はNGを出したら撮り直せばいい。

だけど、プロレスはそうは行かない。プロレスに〝間違えた。もう1回！〟は有り得ないだろ。だから、リング上で戦いながら何十分も観客を惹きつけるというのは凄いことだよ」

プロレスは、自分本位に技を出しているだけでは面白い試合にならない。常に観客が何を求めているかを察知できる能力が求められる。アンドレは、そのセンスも抜群だった。

誰とは言わないが、いくら経験を積んでも観客が何を求めているのかがわからないレスラーもいる。俺自身は観客が求めていることが何であるか、すぐに察知できる方だったと自分では思っている。実際に俺が試合中に「今はこうした方がいい」と判断した場合、ほとんどハズレはなかった。その部分はパット・パターソンに褒められたこともある。

今は押した方がいいのか、引いた方がいいのか。観客の反応を見ながら瞬時に最善の行動を取るのがプロレスの楽しさであり、難しさだ。試合中に余計なことをするレスラーもいるが、そういう選手はチャンスがもらえない。

言い換えれば、トップレスラーというのは、試合中の判断ミスが少ないということだ。俺の師匠の吉村道明さんもそうだった。相手にやられてやられて、最高のタイミングで反撃に転じる。だから、観ている方は興奮するのだ。

そういう意味では、俺とアンドレは非常に手が合った。WWFがいくら抗争を煽ったとしても、試合がしょっぱくて、観客動員が悪ければ、すぐに打ち切られてしまう。

抗争が組まれた場合、同じような内容の試合を繰り返す選手もいるが、俺とアンドレはそれを潔しとしなかった。観客は俺がニードロップでアンドレの足を折ったことを知っている。だから、アンドレが倒れて、俺がトップロープに上がると大騒ぎだ。そんな定番シーンもあったが、試合展開に関しては毎回、同じにならないように工夫していた。

「今、WWFのオフィスは俺を必要としている」

この時期、それは感覚としてわかっていた。アンドレとの抗争が盛り上がったことで、俺はWWFでトップヒールに位置付けられた。アメリカの観客は金を払った分だけ楽しもうという考え方なので、俺に対するブーイングも最高潮に達した。

ただし、会場を一歩出れば、話は違う。ショッピングモールで買い物をしている時にプロレスファンに見つかると、彼らは一様に「ハ〜イ、ミスター・カーン！」と敬称をつけて握手を求めてくる。会場では罵声を浴びせても、トップレスラーに対して尊敬の念も持ち合わせているのだ。彼らから見れば、俺は「アメリカンドリーム」を成し遂げた存在だったのかもしれない。

話は戻るが、アンドレが怪我で欠場している時、俺は〝人間発電所〟ブルーノ・サンマルチノと対戦する機会に恵まれた。5月に予定されていたアンドレとのシングルマッチが吹っ飛び、対戦相手が急遽サンマルチノに変更されたのである。場所は、マサチューセッツ州のボストンガーデンだった。

サンマルチノは、〝元祖WWFの帝王〟である。名前がコールされた時の観客の反応は凄まじく、全盛期は過ぎていても人気は衰えていなかった。

彼は俺が若手だった頃に日本プロレスに来日しており、当時は筋肉隆々の身体がセールスポイントだったが、この頃は見る影もなく、カツラを被っていたので頭を攻撃するのが怖かった。

しかし、あのサンマルチノと戦えたことは、やはり嬉しかった。痩せ衰えようとも、俺の中では「馬場さんのライバル」だ。瓢箪から駒で実現したカードではあったが、アンドレやバックランドと戦った時とは別の意味で、「俺もやっとここまで辿り着いたか…」と感慨に浸ったものである。

第21章　すべてを出し切れた『第5回MSGシリーズ』決勝戦

足折り事件の2ヵ月後、81年6月に俺は2度目の凱旋帰国を果たした。アンドレと本格的な抗争に入る直前、俺に1試合だけ新日本プロレスからオファーが入ったのだ。

6月24日、蔵前国技館で俺は全日本プロレスを離脱したタイガー戸口（キム・ドク）さんと戦った。戸口さんは日本プロレスの先輩だが、久々の再会である。しかし、特に感慨はなく、あくまでも仕事のひとつとして俺は相手を務めた。

この日のメインは、アントニオ猪木&谷津嘉章vsスタン・ハンセン&アブドーラ・ザ・ブッチャーというカードだった。WWFで手ほどきした谷津の日本デビュー戦である。

アマレスの強豪とはいっても、プロレスの世界ではまだまだグリーンボーイだ。いきなりトップレスラーのハンセンとブッチャーを当てられた谷津は、まったくいいところを出せずに血ダルマにされた。確かに少々気の毒ではあったが、あれは「大部屋の洗礼」のようなものだ。ハンセンにしろ、ブッチャーにしろ、谷津に少しでも気を遣うような素振りを見せたら自分の価値が落ちてしまう。

「戸口さんとブッチャーは、これが新日本デビュー戦だった。当時、新日本は「世界統一」を掲げてIWGP（インターナショナル・レスリング・グランプリ）という構想を推進しており、戸口さんもブッチャーも表面上はそれに賛同して全日本から移ってきた。

要は新日本に引き抜かれただけの話なのだが、ここから新日本と全日本の引き抜き戦争が始まる。アメリカにいる俺には関係ない話とはいえ、それによりただでさえ高かった外国人レスラーのギャラが高騰するという現象が起きた。この問題は後に俺の身の振り方にも関わってくるが、それについては後述しよう。

さて、日本からＷＷＦに戻ると、俺はアンドレとの抗争を開始したものの、年末に再び帰国することになる。やはり日本でも俺がアンドレの足をニードロップで折った事件はインパクトが絶大だったようで、ここから新日本は断続的に参戦をオファーしてくるようになる。

俺がトップロープから飛び降りる姿を見て、古舘アナが「アルバトロス（アホウドリ）殺法」と名付けてくれたのは、いつ頃だろうか。この時期から俺は「足折り」という言葉とセットで、ＷＷＦ以外でもアンドレと戦うようになっていく。

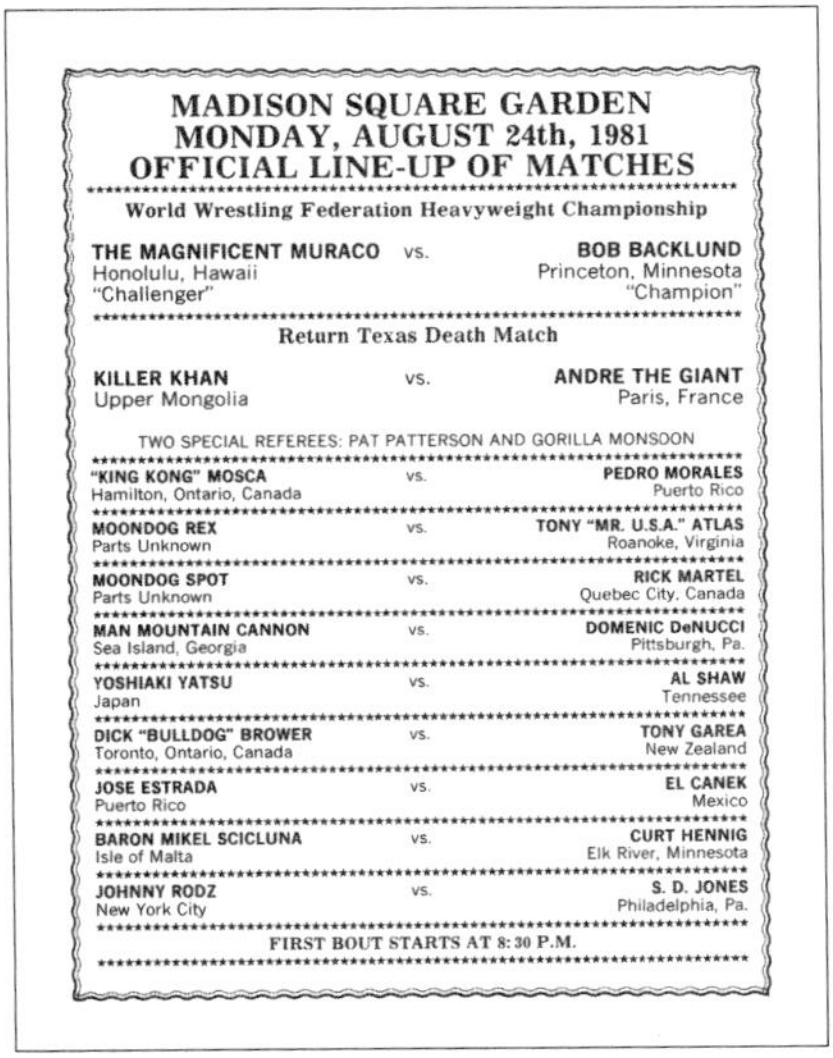
MADISON SQUARE GARDEN
MONDAY, AUGUST 24th, 1981
OFFICIAL LINE-UP OF MATCHES

World Wrestling Federation Heavyweight Championship

THE MAGNIFICENT MURACO vs. BOB BACKLUND
Honolulu, Hawaii "Challenger" — Princeton, Minnesota "Champion"

Return Texas Death Match

KILLER KHAN vs. ANDRE THE GIANT
Upper Mongolia — Paris, France

TWO SPECIAL REFEREES: PAT PATTERSON AND GORILLA MONSOON

"KING KONG" MOSCA (Hamilton, Ontario, Canada) vs. PEDRO MORALES (Puerto Rico)
MOONDOG REX (Parts Unknown) vs. TONY "MR. U.S.A." ATLAS (Roanoke, Virginia)
MOONDOG SPOT (Parts Unknown) vs. RICK MARTEL (Quebec City, Canada)
MAN MOUNTAIN CANNON (Sea Island, Georgia) vs. DOMENIC DeNUCCI (Pittsburgh, Pa.)
YOSHIAKI YATSU (Japan) vs. AL SHAW (Tennessee)
DICK "BULLDOG" BROWER (Toronto, Ontario, Canada) vs. TONY GAREA (New Zealand)
JOSE ESTRADA (Puerto Rico) vs. EL CANEK (Mexico)
BARON MIKEL SCICLUNA (Isle of Malta) vs. CURT HENNIG (Elk River, Minnesota)
JOHNNY RODZ (New York City) vs. S. D. JONES (Philadelphia, Pa.)

FIRST BOUT STARTS AT 8:30 P.M.

81年8月24日のガーデンの定期戦では、俺とアンドレのテキサス・デスマッチがセミファイナルで組まれた。ミドルカードには、「ヨシアキ・ヤツ」の名前もある。

帰国直前の11月15日には、カナダのトロントで俺とアンドレのシングルマッチが組まれた。これはWWFの人気カードがそのままトロント地区を仕切るプロモーター、フランク・タニーに貸し出された形である。

俺はその足で機上の人となり、11月19日に後楽園ホールで行われる『第2回MSGタッグ・リーグ戦』の前夜祭に間に合うように帰国した。俺は6月に戦った戸口さんとタッグチームを組み、このリーグ戦にエントリーされたのだ。戸口さんとのコンビは、これを皮切りに3年間続く。

アンドレはレネ・グレイと組んで、このリーグ戦に参加していた。12月4日、郡山市総合体育館で組まれた俺たちとアンドレ組の公式戦は『ワールドプロレスリング』で生中継されている。これが足折り事件以降、日本では初めてのアンドレとの絡みだ。

そして、12月8日には蔵前国技館でアンドレとのシングルマッチが組まれた。試合は俺が敗れたが、そんなことは大した問題ではない。トロントの時と同じく、WWFの遺恨対決がそのまま直輸入されたわけだから、それだけ俺とアンドレの抗争は各地のプロモーターたちにとって美味しい商品になっていたということだ。

このシリーズが終わると、すぐにWWFに戻って俺とアンドレはさらに抗争を継続し、12月27日には再びトロントで俺たちのシングルが組まれた。

抗争を続けていく中で、俺とアンドレはいろいろな試合形式で戦った。「モンゴリアン・ストレッチャー・マッチ」という担架に乗せられたら負けというルールのデスマッチもやったし、お互いに手首を革紐で繋いで戦うストラップマッチもやった。このストラップマッチは、ファンが思ってい

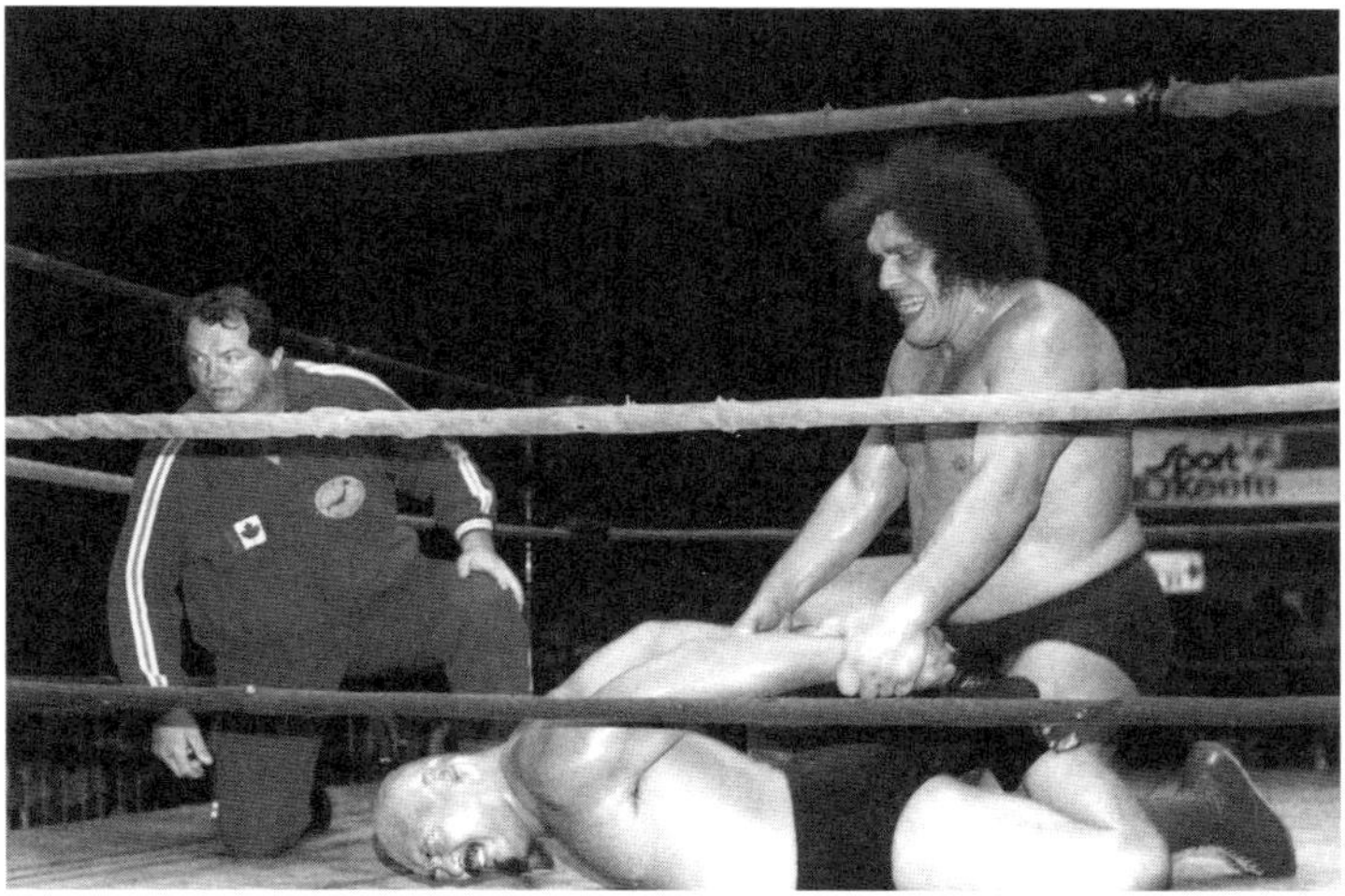

カナダで俺とアンドレのシングルマッチが組まれた時には、あの“人間台風”ドン・レオ・ジョナサンが特別レフェリーを務めてくれた。

る以上に難しい。ストラップの長さ以上に相手と距離を取れないので、動きや技が制約されてしまうからだ。

この頃、新日本やＷＷＦと提携関係にあったメキシコのＵＷＡでも俺とアンドレの試合を組みたいという話が持ち上がった。しかし、なかなかスケジュールが取れなかったこともあるが、大きな横槍が入ったことで、このプランは潰れてしまう。

後でわかったことだが、メキシコにいるグラン浜田が俺をメキシコに入れたくなかったので邪魔したのだ。要はジェラシーである。

アンドレとのシングルマッチが流れたというので、俺はＷＷＦ側に理由を聞いた。しかし、彼らも事情がよくわからないという。

その後、新日本で旧知のアブドーラ・タ

ンバと一緒になった際、何か情報を持っていないかと思い、あの件について尋ねてみた。すると、予想外の言葉が返ってきた。

「あれは浜田が原因だよ」

「えっ、浜田が!? あいつは関係ないだろ」

「いや、〝日本人がメキシコに来るなら、俺を通さなきゃダメだ〟とか浜田が言い出して、その話を潰したんだ」

浜田は何を言っているのだ。そんな決まりはどこにもない。このプランは新日本も関係ないし、UWAのフランシスコ・フローレスとWWFのビンス・マクマホン・シニアの間で話し合われる案件だ。

「浜田の野郎、いつか食らわせてやる!」

俺はそう心に誓い、怒りを鎮めた。

テムヒン・エル・モンゴルがメキシコに帰ってきてアンドレと戦うことになれば、ビッグマッチで試合が組まれるはずだし、観客も集まったはずだ。おそらく浜田は「メキシコに来た日本人の中でトップは自分だ」というプライドがあり、俺に注目が集まるのを嫌がったのだろう。

浜田はアメリカでの俺と同じように、新日本のバックアップを受けずにメキシコで成功した。自分の力だけでそれだけのポジションを築いたことには敬意を表するが、他人のビジネスを妨害するのは言語道断だ。

82年に入ると、3月開幕の『第5回MSGシリーズ』に出場するために俺は新日本に呼び戻された。日本のファンは俺とアンドレによる「WWFのドル箱カード」をまだ求めており、それを再現するためのオファーだったと俺自身は捉えている。

とはいえ、このリーグ戦は猪木さんが主役だ。第1回から猪木さんは連続優勝しており、この大会には5連覇が懸かっていた。

公式戦で俺は猪木さんと戦って敗れた以外、藤波選手、坂口さん、アンドレと引き分け、その他の試合はすべて勝利した。14人が参加したリーグ戦の結果は、アンドレが1位、猪木さんが2位で、俺は3位に終わる。

しかし、猪木さんは最終戦前日のタッグマッチで「負傷」したことを理由に優勝決定戦をキャンセルする。そこで3位の俺が繰り上がって、アンドレと優勝を争うことになった。

今まで何度も言ってきたが、これは猪木さんが逃げたと俺は解釈している。この時、アンドレを取材するためにアメリカからもカメラマンが来ていたから、アンドレとしては負けるわけにはいかない。しかし、猪木さんとしても日本で負けるわけにはいかない。そこで俺にお鉢が回ってきたのだ。

4月1日、蔵前国技館。俺は猪木さんの代役として急遽、新日本のメインイベントを務めることになった。だが、少なくとも俺の耳にファンの不満の声は入ってこなかった。

こんな状況で気持ちが昂ぶらない方がおかしいが、相手は試合巧者のアンドレだ。俺にとっては最高のシチュエーションである。試合が始まると、自然発生的に巻き起こった「カーンコール」は、いつしか「小沢コール」へと変わり、俺の背中を押した。

この試合は、WWFでの戦いをそのまま再現したものではない。ここは日本だ。会場で、そして

新日本プロレスが絶頂期にあった82年春の『第5回MSGシリーズ』で、俺は猪木さんの代役としてアンドレと優勝を争った。これが日本で最も有名な俺の試合かもしれない。

お茶の間で観ているファンのほとんども日本人である。当然、そんなことは百も承知のアンドレは、日本向けの試合をやってくれた。そして、俺の見せ場をたっぷり作って日本のファンを満足させた上で、最後は優勝をかっさらった。

俺は敗れたが、この試合で自分の持っているものをすべて出し切った。店に来るお客さんも、このアンドレとの決勝戦を思い出の試合に挙げる人は多いし、俺の中では今でも特別な一戦である。

ところで、この時期の新日本は俺が海外修行に行く前と観客の質が少し違っていた。俺が若手の頃は、会場に来るのは年配のファンが多かった。その後、藤波選手が凱旋すると女性の観客が増えたが、この82年はタイガーマスクが大ブームとなっており、子供のファンが一気に増えた印象がある。

タイガーマスクを観てプロレスファンになった世代は「小沢正志」を知らないから、初めてキラー・カーンを観た時、本当にモンゴル人だと思った子供もいたかもしれない。レスラーの側からすると、性別や年齢に関係なく観客がたくさん入れば嬉しいし、観客が多ければ多いほど身体が動く。プロレスラーとは、そういう生き物だ。

『第5回MSGシリーズ』終了後には、そのタイガーマスクや猪木さん、藤波選手と一緒にアラブ首長国連邦のドバイへ遠征に行った。

この時、タイガーマスクはダイナマイト・キッドやブレット・ハートと対戦したのだが、日本と違って客席の反応が悪かった。

「なあ、佐山。ここのお客さんはプロレスに慣れていないから、いきなり速い動きを見せても付いていけないいんだよ。最初はゆっくり動いて、徐々に盛り上げていった方が沸くよ」

俺はそうアドバイスしたが、こういう経験をしながらプロレスラーは引き出しを増やしていく。ちょっとした緩急の付け方で、同じ技も違って見えるのがプロレスの奥深さだ。

この後、俺はWWFを離れて、ノースカロライナ州シャーロッテを中心とするミッドアトランティック地区に入った。ここもNWAのテリトリーで、プロモーターのジム・クロケット・ジュニアがMACW（ミッドアトランティック・チャンピオンシップ・レスリング）というプロモーションを運営していたが、短期の遠征だったので、ほとんど記憶がない。

ここから俺は再びビル・ワットのトライステート地区に舞い戻る。この時は黒人のアーニー・ラッドと抗争しながら、何度かアンドレとの対決が組まれた。あの足折り事件から1年以上経って

82年暮れの『第3回MSGタッグ・リーグ戦』でも俺はタイガー戸口（キム・ドク）さんと組んで決勝に進出し、猪木さんとハルク・ホーガンのドリームコンビと対峙した。

いたが、俺たちの遺恨対決は他地区でまだ需要があったということだ。

また、この時にはトーナメントの決勝でジャンクヤード・ドッグを下してミッドサウス・ルイジアナ・ヘビー級王座を獲得したし、ミスター・オリンピア（ジェリー・スタッブス）からはミッドサウス・ミシシッピ・ヘビー級王座も奪った。俺はレスラー人生であまりタイトルにはこだらなかったのだが、やはりベルトを巻くと、ちょっとばかり嬉しかった記憶がある。

俺の感覚では新日本もたまに行くテリトリーの一つなのだが、WWFを離れてからは日本に呼ばれることが多くなった。この82年の年末には、再び戸口さんと組んで『第3回MSGタッグ・リーグ戦』にエントリーされた。

自分でも言うのも何だが、春のMSGシ

リーズ決勝戦でアンドレと好勝負を演じたことで、俺のレスラーとしての価値が上がったことは間違いない。前年と違って俺と戸口さんは順調に勝ち星を重ね、12月10日に蔵前国技館で優勝を懸けて猪木さんとハルク・ホーガンのチームと戦うことになった。

最後は戸口さんが猪木さんの卍固めで仕留められて準優勝に終わったが、リーグ戦とは関係なしにアンドレとのシングルマッチが組まれて『ワールドプロレスリング』で放送されるなど俺の扱いは帰国するたびに良くなっていった。しかし、ギャラの問題は一向に解消されていなかった。

俺としてはアメリカで稼ぎたいところだが、頻繁に新日本に呼び戻されるので、向こうで一つのテリトリーに長居することも難しくなってきた。そうなると、マッチメーカーも俺を絡めた長いスパンのストーリーを作りづらくなり、扱いは必然的に悪くなってくる。

「どの会場も客はパンパンに入っているのにギャラは上がらないし、このまま新日本に出ていても稼げないいな」

アメリカでの試合を優先したかった俺は心の中でそんなことを考えながら、激動の83年を迎えることになる。

第22章　『革命軍』は、外国人レスラーのギャラ問題が生み出した

振り返れば、83年は俺にとって大きな転機だった。ここ日本でも、ヒールの立場でリングに立つことになったのだ。

前年10月、新日本プロレスのリングで波乱が起きた。団体内の序列が気に入らないという理由で、長州力が藤波選手に噛み付いたのである。アメリカにいたから詳細はわからないが、当初は俺にはまったく関係ないストーリーだった。

長州はメキシコ遠征から帰国した時、凱旋マッチで猪木さん、藤波選手とトリオを組んだものの、不満を爆発させて藤波選手と仲違いしたという。おそらく、これは会社側の仕掛けもあったのだろう。ここから長州は反体制の立場に回って、藤波選手との抗争をスタートさせた。

だが、俺が年末恒例の『第3回ＭＳＧタッグ・リーグ戦』に出るために帰国すると、長州は不在だった。新間さんの紹介で小林邦昭と一緒に短期のＷＷＦ遠征に行っており、現地にいたマサ斎藤さんと合体し、共闘していくことを決めたようだ。

俺としては、長州が誰と何をしようが知ったことでない。だが、長州が斎藤さんと一緒に帰国したことで事態は急変する。

俺は斎藤さんと長州に誘われ、京王プラザホテルで食事をしていた。その場には、俺たち3人し

かいなかった。引退後、俺はいろいろなメディアで長州を非難しているが、この頃は彼に対して特別な感情は持っていなかった。俺から見れば、後輩の一人である。長州は以前の地味なイメージを払拭するためか、髪を伸ばしていた。

以前から、斎藤さんは日本で外国人レスラーが優遇されていることに反発を覚えていた。これは斎藤さんだけでなく、新日本の所属選手の誰もが不満に感じていたことであり、日本プロレスの頃から長年続いていた問題だった。

今と違って昭和の時代は有名な外国人レスラーが来ないと、プロレスの興行は客が入らないと言われていた。それは事実である。新日本も猪木さんがタイガー・ジェット・シン、スタン・ハンセン、アンドレ・ザ・ジャイアントらと戦うことで観客を呼んでいたし、テレビ中継も基本的に猪木さんと外国人レスラーの対決で視聴率を稼いでいた。

彼らのような集客力のある外国人レスラーが高額のギャラをもらうことに関しては問題ない。特に海外で引っ張り凧のレスラーは向こうの試合を休んで来日してもらうわけだから、割高になって当然である。

しかし、明らかにしょっぱいレスラーも外国人というだけで身の丈に合わないギャラを取っていた。新間さんとゴッチさんの関係が悪くなった理由も、ひとつはギャラの問題にあったと聞いている。

一時期、斎藤さんは新日本のブッカー的な仕事をしていたことがあった。剛竜馬が藤波選手からWWFジュニアヘビー級王座を奪ったことがあったが、あれは斎藤さんが新日本に進言して実現したことだ。

「ガイジンだけに、美味しい思いをさせる必要はない。日本人同士の対決でも客は呼べる」

これは上田馬之助さんも同じ考えだったという。京王プラザホテルでの食事中、この外国人問題の話になった。斎藤さんは納得の行かない口ぶりで、こう切り出した。

「○○や××は、アメリカで俺らより格下じゃねえか。それなのに、どうしてアイツらは日本で俺らの3倍のギャラを取ってるんだ」

俺は一も二もなく、斎藤さんに同調した。これが日本人レスラーの本音である。

アメリカを主戦場にしていた俺や斎藤さんだけでなく、日本でファイトしていた選手たちも同じ気持ちだった。外国人レスラーばかりが美味しい思いをして、自分たちのギャラはさっぱり上がらないのだから、不満を抱いて当然である。実はギャラが上がらなかったのは、外国人のせいだけではないのだが、その頃はまだ会社の内情をよくわかっていなかった。

斎藤さんたちとそんな会話をしているうちに、ひとつの結論が出た。

「二流、三流のガイジンよりも、俺たちがチームを組んで新日本の連中と戦った方が話題になるし、金も稼げる」

ただし、このプランには外国人問題だけでなく、他の要因も絡んでいた。当時、会社は長州を売り出そうとしていたが、マッチメークをする上でシングルマッチばかりというわけにもいかず、パートナーが必要になる。

しかし、昔から長州は外国人相手に、あまりいい試合を作れなかった。だから、上田さんのように外国人のヒールと組ませたとしても手が合わないのは目に見えている。当時、一緒に行動していた小林邦昭はジュニアヘビー級だったから、長州はヘビー級のパートナーとしてWWFにいた斎藤さんに協力を求め、その流れの中で俺も手を貸すことになったというわけだ。

俺たちは、このアイディアを新間さんに伝えた。すると、新間さんは「本当にそんなことができるのか!?」と言いながらも、意外と乗ってきた。

マサ斎藤さんと後輩の長州力に誘われる形で、俺は『革命軍』の一員となった。ここから俺たちは約3年間、行動を共にすることになる。

外国人レスラーの高額なギャラは、会社にとっても頭痛のタネだった。しかも引き抜き戦争で外国人のギャラが高騰していたから、俺たちのプランがうまく行けば、一石二鳥である。当時、猪木さんとラッシャー木村さん率いる新国際軍団の抗争も盛り上がっていたし、最終的に新間さんからGOサインが出た。「もし客が入ったら、ギャラも上げてやる」という約束も取り付けた。

こうして様々な思惑が合致し、『革命軍』は始動した。メンバーは総帥が斎藤さん、事実上の主役は長州、その脇を固めるのが俺、試合で組むことは少ないが、ジュニアの小林も俺たちの仲間だ。

1月6日、後楽園ホール。カードは俺と坂口さんが組み、相手は斎藤さんと長州のコンビだ。俺はシリーズ開幕戦から、ここまで4試合を新日本の正規軍として戦っていた。前振りはバッチリである。

そして、この試合で俺は坂口さんを裏切った。コーナー最上段から決別のニードロップをお見舞いすると、坂口さんはダメージのない素振りですぐに起き上がってきたので少し焦ったが、すべて計画通りだ。俺は、この日を境に日本でもヒールになった。すべてはギャラの問題である。

ただし、革命軍を始めるにあたって問題がひとつあった。長州に付いたものの、俺も斎藤さんもアメリカの仕事を捨てる気はなかったので、日本にずっと定着するわけにはいかない。そこで長州は新国際軍団にいたアニマル浜口さんを仲間に引き入れた。これは彼が個人的に話を持ちかけたものだ。

この頃の長州は、俺から見ても勢いがあった。長州にはアメリカでの実績は何もないのだが、日本で多くの観客を集め、熱狂させたことについては認めざるを得ない。プライベートでは女性を下に見るようなところがあり、そこはあまり好きにはなれなかったが、この時期の長州が時代の流れに乗っていたことは確かだ。

事実、ここから長州は成功の階段を駆け上がっていくことになる。その過程で反体制の立場ながら、ファンからベビーフェース的な支持も受けるようになっていった。

83年には、新日本プロレスが仕掛けた大プロジェクト『IWGP』の第1回大会に日本代表として出場した。右から2人目は、メキシコ時代に知り合ったビッグ・ジョン・スタッド。

この年の春には、『第1回ＩＷＧＰ』が開催された。俺は日本代表として出場し、5位に終わっている。決勝戦で猪木さんがハルク・ホーガンのアックスボンバーでＫＯされたことで有名な大会だが、そんなことはどうでもいい。問題は、全国の各会場が満員の観客で埋まっていたことだ。

長州と藤波選手の抗争は「名勝負数え唄」と呼ばれ、勝った負けたを繰り返しながらファンを熱狂させていた。小林は「虎ハンター」と呼ばれ、タイガーマスクのライバルとして集客に貢献していた。あくまでもメインは猪木さんだが、革命軍と新日本の戦いは相当な金を生んだはずである。

だが、選手たちのギャラはなかなか上がらなかった。機会があれば、他の新日本の選手にも聞いてみて欲しい。誰しも同じことを言うはずである。

新日本という会社自体は、間違いなく売上げが伸びていた。当時は金曜夜8時のゴールデンタイムで試合が放映されており、テレビ朝日から入ってくる放映権料もかなりの金額だったはずだ。会場の入りに関しては、俺たちレスラーが自分の目で把握できる。売り興行も多かったし、手打ちの会場も常に客席は埋まっていた。

俺たちのギャラが抑えられていた原因は、猪木さんが夢中になっていたサイドビジネスの『アントンハイセル』だった。会社の金がここに流れていたのだ。

アントンハイセルは、ブラジルのサトウキビの搾りかすを利用して肥料や飼料を作り、その飼料で牛を育て、世界の食糧危機を救うという壮大な構想だった。当然、猪木さんは成功すると思って力を入れていたのだろう。ただし、俺たち選手の考えは正反対だった。

「もしもそんなことができるなら、とっくの昔に大手の会社が乗り出しているはずだ。そもそも一レスラーがやるようなことじゃないし、この事業は絶対に失敗する」

これが当時の新日本のレスラーの総意だったと俺は思っている。

猪木さんは、新日本の儲けのほとんどをハイセルにつぎ込んでいた。そして、その手助けをしていたのが新間さんと副社長の坂口さんだった。

以前から、猪木さんは所属選手が引退後に働ける場を作ろうと考えていた。これはプロレス団体の経営者として素晴らしい考えだ。当初は、ハイセルもその受け皿として始めたのかもしれない。

あれは俺が海外に出る前、75年の秋のことだった。猪木さんは「力道山のリキ・スポーツパレスのようなスポーツジムを建設する」と発表し、帝国ホテルでパーティーを開催した。会場には著名な政治家も来ていたし、スポンサーも付いていたから、実際に動いていた話である。

俺は来客で溢れかえっていたパーティー会場で、猪木さんにこう言われた。

「小沢、お前がプロレスができなくなった時のために、俺はこの施設を作るんだ。ここで青少年を鍛えるだけでなく、プロレスの興行をやったり、歌謡ショーをやったり、いろんなことをやるつもりだ。お前には、1店舗任せようと思っている。小沢は料理が上手いんだから、そこでちゃんこ屋でもやったらいいじゃないか」

俺は今でも、この時の猪木さんの言葉に嘘はなかったと思っている。結局、このイノキ・パレス建設計画は頓挫してしまったが、猪木さんは野望に燃えていたし、引退した選手たちが生活に困らないように、先々のことを長期的に考えていたことは確かである。

しかし、どこかで猪木さんのネジが狂ったのだろう。ハイセルに対する金の突っ込み方は異常だった。いくら社長だといっても、会社の売上げを自分個人の事業に回していいわけがない。

実は82年春の『第5回MSGシリーズ』で俺が猪木さんの代役として決勝戦に出た時、臨時のボーナスが出た。事務所へ行くと、会社の人間から金の入った封筒をもらい、領収書にサインするように促された。

「あれっ!?　この領収書、金額が書かれていませんよ」

「いいから、早くサインしろ」

俺は言われるがまま、金額が空欄の領収書にサインした。後でそこに何が書き込まれたかは知らないが、普通に考えれば、俺がもらった額以上の数字だろう。

これは選手に金を払った形で、ハイセルに金を回すというやり方だ。後からいろいろな人から聞いて俺も驚くばかりだったが、他にも様々な方法で会社の金をハイセルに流していたようだ。

そんな時、会社の経営に不満を抱いた人間たちが水面下で動き出した。きっかけは営業部で辣腕を振るっていた大塚直樹さんが株主総会に出席した際、売上げに比べて会社の純利益があまりにも少ないことに驚き、小鉄さんに相談したことだったという。俺に声がかかった時は、小鉄さんを中心に、大塚さん、永源さん、藤波選手、長州、佐山などもこのグループに加わっていた。

この通称「クーデター派」の目的は会社の内部改革ではなく、独立だった。つまり新団体の設立である。俺は資金の目途もついていると説明された。

俺は他の選手たちと違って、アメリカでやって行ける。アンドレとの抗争で名前が売れたこともあり、どこのテリトリーでも使ってもらえるという自信もあった。ただ、新日本の体制にはずっと不満があったので、俺はこの計画に賛同した。

だが、結果的にこのクーデターは予想外の形で収束した。

まずクーデターを起こす直前に、佐山がマスクを脱いで引退してしまった。彼の行動に関して、俺は本人の意思を尊重する。タイガーマスクという役割をこなしながら、おそらく相当なジレンマを抱えていたのだろう。そこには他の選手同様、ギャラの問題もあったと俺は思っている。

その後、8月25日の株主総会ではクーデター派の主張が通り、猪木さんは社長、坂口さんは副社長をそれぞれ辞任することになった。さらに新間さんは謹慎処分となって、そのまま退社することになる。

クーデターの結果、会社は小鉄さんとテレビ朝日から出向してきた役員を中心に運営してくことになった。選手たちは、トップが小鉄さんなら信用できると考えていたはずだ。その一方で、佐山が引退したことも影響したのか新団体設立の話はいつの間にか消滅していた。

確かに俺もこのクーデターが本当に成功すると思っていたのかと聞かれれば、まったく疑問を抱かなかったわけではない。坂口さんはそれほどでもないが、アントニオ猪木という存在は社内的にも社外的にも大きかった。そんな猪木さんと戦っても勝てないと考えたからこそ、クーデター派は内部改革ではなく新団体設立を選んだのだ。

11月になると、テレビ朝日の上層部の意向により猪木さんが社長に復帰し、元の鞘に戻った。その間、クーデター派のメンバーだった選手たちは普通にリングに上がって試合をしていたし、小鉄さんも前と同じくテレビ解説などをやっていた。結局、佐山と新間さんが新日本からいなくなっただけで、少なくとも俺のギャラや待遇は改善されなかった。

「何なんだ、この会社は！」

普通の感覚の人間なら、誰でもそう思うだろう。しかし、世間の常識が通用しないのがプロレスの世界だ。

俺は腑に落ちなかったが、リング上のストーリーは動いているから、組まれた試合をこなしていくしかない。ただ、俺はもはや新日本という会社に対して思い入れのようなものは完全に失っていた。

革命軍に話を戻そう。10月になると、俺たちに新メンバーが加わった。アメリカで武者修行を

谷津が新メンバーとして加わり、俺たちは『維新軍』に名称を変えた。この時は単なる新日本内の反体制集団だったが、後に『ジャパンプロレス』として団体化し、俺たちは日本マット界の中心的な存在となる。

していた谷津が凱旋帰国し、合流することになったのだ。これは会社側のアイディアで、要は谷津の売り出しである。これを機に、『革命軍』という名称も『維新軍』に改めることになった。

俺たちと新日本正規軍の抗争は、大いに盛り上がった。新日本にとってタイガーマスクが抜けた穴は大きかったはずだが、この年の春にイギリス武者修行から帰国した前田日明も少しずつ人気が出てきていたし、ジョージ高野はザ・コブラとしてジュニアヘビー級で頑張っていた。

巡業中、維新軍は正規軍と別に移動する。俺たちのバスは、リング屋のカメちゃんという人が運転手を買って出てくれた。

副将格だったアニマル浜口さんは、本当に真っ直ぐな人間だ。今でもテレビに出ると、「気合いだ！　気合いだ！」と元気良く叫んでいるが、この頃から酒を飲んだ時には、いつもこの言葉が口癖だった。

みんなで一緒に飲みに行って、俺がカラオケで気持ち良く歌っている時も「気合いだ！　気合いだ！」と騒ぐから、「浜さん、ちょっと待ってよ。ムード歌謡を歌ってるんだから、〝気合いだ！〟はないでしょ」と苦笑したことを思い出す。あの飾らず、心底明るい性格は昔からだ。

維新軍のメンバーの中では、谷津嘉章と一番ウマが合った。再会した谷津は、意外とおとなしかった。彼はトップに立ちたいという気持ちを前面に出すようなタイプではないし、長州が同じアマレス出身ということで自分を抑えている部分があったのかもしれない。谷津とは現在もよく連絡を取り合っているが、彼も長州とは疎遠になったという。維新軍の頃は、俺も長州と一緒にカラオケを歌ったりしたものだが…。

維新軍のメンバーは年齢もキャリアもバラバラだったが、それほど上下関係はなかった。ただ、メンバーの全員がマサ斎藤さんには一目置いていた。斎藤さんは年齢が上というだけでなく、アメリカでもそれなりの実績がある。斎藤さん自身も親分肌の人だったし、外国人レスラーからもそう見られていた。

その一方で、斎藤さんは一匹狼的な資質が強い人でもあった。単身でアメリカに渡り、飯を食い続けるというのは誰にでもできることではない。その点では、猪木さんや坂口さんも斎藤さんには一目置いていた印象がある。

さて、年末になると、俺は恒例の『第４回ＭＳＧタッグ・リーグ戦』に再び戸口さんとのコンビで出場した。

戸口さんは新日本の扱いの悪さに嫌気が差していたようで、すでにWWFを拠点に活動していくことを決めていた。俺も年明けに新しいテリトリーに行くことが決まっていたので、そんなチームをプッシュしても仕方がない。俺たちは前年度準優勝の「対抗馬」だったはずだが、この時は過去最低の6位という成績に終わった。

タイガーマスクという超人気者が抜け、新間さんという仕掛け人もいなくなったが、新日本のリング上は相変わらず活況を呈していた。しかし、その裏でクーデター騒動の余波はまだ燻っていた。11月に退社した大塚さんが、12月になって『新日本プロレス興行』という新会社を立ち上げたのだ。

大塚さんは社長の猪木さんに弓を引いた人間がそのまま会社に残っているのはおかしいと考え、退社を決めたという。これが社会人として普通の感覚だろう。

この『新日本プロレス興行』は純粋な興行会社で、当初は主に新日本プロレスの興行を請け負うというスタンスだった。だから、大塚さんは猪木さんと喧嘩別れしたわけではなく、友好的で前向きな退社だった。

リングに上がって試合をするのが仕事の俺にとっては、興行の主催者が新日本だろうと、大塚さんの会社だろうと、それほど関係ない。まさかこの産声をあげたばかりの新会社がプロレス団体となり、俺の人生を左右することになるとは、社長の大塚さんもこの時点では考えていなかったはずである。

第23章　俺がジャパンプロレス参加を決めた本当の経緯

84年1月、俺はカナダのカルガリーを拠点とするスタンピード・レスリングに入った。WWF経由で、プロモーターのスチュ・ハートから誘いの連絡があったのだ。

滞在中は、ミスター・ヒトこと安達勝治さんに随分お世話になった。前にも書いたように、安達さんは同じ出羽海一門ということもあり、相撲時代から目をかけてもらっていた。

空港に着くと、迎えに来てくれた安達さんの奥さんから「小沢さん、どうぞウチで寝泊まりしてください」と言われ、そのまま居候することになった。

当時、安達さんはスタンピード・レスリングのリングに上がりながら、日本から武者修行に来る若手レスラーたちの世話をしていた。俺と同じ時期には、新日本のヒロ斎藤、平田淳嗣（スーパー・ストロング・マシン）、高野俊二（現・拳磁）がカルガリーにいた。

「小沢、新日本は俺に何もしてくれないんだぜ。まあ、俺は人の面倒を見るのが好きだから、彼らのケアをしているんだけどさ」

俺も含めて若手の面倒を見ていたからといって、新日本から安達さんには金が一切出ていなかった。当然のように、そのことについては安達さんと同様に奥さんも腹を立てていたが、俺が金を払おうとしても2人は絶対に受け取ろうとはしなかった。

安達さんは人がいいから、無償でライトバンを自ら運転し、俺たちを会場まで連れて行ってくれた。平田たちは安達さんの知り合いだという焼肉屋の地下の部屋で共同生活をしていたが、俺は毎日、安達さんの家で奥さんが作ってくれた食事をいただいた。

もし俺ぐらいの身体があったなら、安達さんはアメリカでも大成功していただろう。力もあったし、プロレスの引き出しも多い。

今は国会議員をやっている馳浩やイギリスから来たダイナマイト・キッドにアメリカンスタイルのプロレスを教えたのは、安達さんだ。ただし、そういう時もコーチ料を請求するわけではない。ダイナマイトが俺に「ミスター・アダチをリスペクトしている」と言ってきたことがある。だが、安達さんは先生面をして威張ることは決してなかった。

心配だったのは、この頃から糖尿の気があったことだ。後年、安達さんは何度も俺の店に顔を出してくれた。その時、俺の口から出る言葉はいつも同じだった。

「安達さん、糖尿が悪化するから、ちょっと抑えなさいよ」

「小沢、俺は好きなものを飲んで死ぬなら、それでいいんだ」

そう言いながら、安達さんはビールをガンガン飲んでいた。

安達さんは、2010年に糖尿病の悪化が原因で亡くなってしまった。67歳だったが、本人の言葉を信じれば、好きなビールをたらふく飲めた幸せな人生だったのかもしれない。

カルガリーでは、俺のマネージャーに若松市政（将軍KYワカマツ）さんが付いた。若松さんは国際プロレスが潰れた後、日本で上がるリングがなく、ここに流れてきたという。

若松さんのマネージャーぶりは、痛快だった。テレビマッチのインタビューでは、俺から見れば少々汚らしい風貌で現れ、憎々しげな表情を作りながら、日本語で訳のわからないことを捲し立てる。これが下手な英語を使うより、ウケていた。日本語がわかる俺は隣でカメラを睨みながら、笑いを堪えるのが大変だった。

カルガリーでの仕事は、最初から順調だった。1月20日には、アーチー・ゴルディィを破って北米ヘビー級のベルトを巻いた。俺が若手の頃に目標としたモンゴリアン・ストンパーである。

これがカルガリー地区のナンバーワンのタイトルだから、出足は上々だ。ストンパーとは、ジン・キニスキーがプロモートするバンクーバーにも遠征してタイトルマッチをやったことがある。ＷＷＦでブルーノ・サンマルチノと戦った時と同じように、俺はストンパーと戦いながら「この選手と対等に戦うところまで来たか…」と喜びを噛み締めていた。

カルガリーでは、ダイナマイト・キッドとも抗争した。ダイナマイトは新日本でジュニアヘビー級の枠に入れられていたから、俺とのシングルマッチが組まれることは有り得ない。では、なぜカルガリーで俺らの抗争がプッシュされたかというと、この体格差が逆にウケたのだ。

ダイナマイトとはこの時に初めて肌を合わせたが、試合運びは天才的だった。彼の場合は、特に受けが巧い。佐山がタイガーマスクとして大ブレイクした要因の一つは、間違いなく相手がダイナマイトだったからだろう。彼との試合が組まれると客入りも上々で、２０００ドルの特別ボーナスが出たこともある。

４月にキッドとの抗争を終えると、俺はアメリカ南部のテキサス州に移動した。次の仕事場は、あの〝鉄の爪〟フリッツ・フォン・エリックがプロモートするWCCW（ワールド・クラス・チャンピオンシップ・レスリング）、通称「ダラス地区」である。

この時期のダラス地区には、ザ・グレート・カブキこと高千穂さんがいた。フロリダ地区では素顔だった高千穂さんはまるっきり別のキャラクターに変身しており、リング上で毒霧を吐く姿を見て、「ああ、日本の歌舞伎を取り入れて上手にやってるな」と感心したものだ。

高千穂さんはそれほど身体は大きくなかったが、プロレスの技術は非常に高く、アイディアマンでもある。後輩の俺がこういうことを言うのは失礼なのだが、高千穂さんがアメリカでブレイクしたことは我がことのように嬉しかった。俺と高千穂さんは海外でまったく別のキャラクターに変身して、その姿のまま凱旋したという共通項がある。引退後に飲食店を経営しているところも同じだ。似たような経歴を辿ってきたこともあって、どこか親近感を感じる。

同じヒールとはいえ、高千穂さんはシンガポール人としてリングに上がっていたし、俺はモンゴル人だから、この2人がタッグを組む必然性はない。ダラス地区で俺はシングルマッチを組まれることが多かったが、タッグを組む時は原始人キャラのミッシング・リンクやファビュラス・フリーバーズのテリー・ゴディなどがパートナーになることが多かった。マネージャーには、再びアラブ系のスカンドル・アクバが付いてくれた。

フリーバーズの3人、ゴディ、マイケル・ヘイズ、バディ・ロバーツはいずれもプロレスが巧かった。途中で彼らとは対立するようになり、俺と戦う時は向こうがベビーフェース的なスタンスになったが、組んでも戦っても充実した試合ができたものだ。特にゴディはプロレスラーとして素晴らしい資質を持っており、攻守の切り替えのタイミングなどは絶妙だった。

バディ・ロバーツはハリウッド・ブロンズの片割れとして何度か新日本プロレスに来日したことがあるので、面識はあった。久々に再会した時、彼はこう言ってくれた。

「ニュージャパンに行った時、お前を見て、〝こいつはアメリカに来れば、稼げるだろうな〟と思ったよ。俺の読みは当たったな」

すでに俺はアメリカの各テリトリーでトップを取っていたが、この言葉は改めて嬉しかった。

3人の中で特に仲が良かったのは、ゴディだ。彼の奥さんは美容師で、俺の家に遊びに来てくれたこともある。俺が日本料理を振る舞うと、2人は喜んで食べてくれた。

ゴディは俺と同様、酒が好きだった。後に来日した時には、俺の店に何度か来てくれたこともある。その際には、俺のことを「ミスター・カーンさん」と呼んで、業界の先輩として敬ってくれた。

サンアントニオからダラスに戻る飛行機の中で、ゴディとジャックダニエルを飲み始め、30分ほどでボトルを3本空けてしまったこともある。この時、空港に着くと、横にいたはずのゴディの姿が見えなくなった。

「あれっ、どこへ行ったのかな…」

不思議に思っていると、ゴディは荷物を受け取るカウンターのベルトコンベアに乗って、クルクル回りながら、こちらに手を振っていた。当然、すぐに警備員が飛んできて引きずり降ろされたが、そんな「ヤンチャ坊主」を絵に描いたような男だった。

さて、このダラス地区の主役は、ご存じエリック・ファミリーである。親父のフリッツはさすがにほとんどリタイア状態だったが、カリスマ的な人気を誇っており、たまにリングサイドに姿を現すと、客席が異常なまでに沸いた。フリッツは日本プロレスの若手だった頃の俺を憶えていてくれたようで、オフィスに挨拶に行ったら、「お前、大きくなったな!」と歓待してくれた。

彼の息子たち、いわゆるエリック兄弟ともよく戦った。俺がダラスに入る直前にデビッドは日本で客死していたから、彼とは会ったことがない。聞いた話では、兄弟の中でデビッドが一番プロレスの才能があったという。俺から見れば、ケビン、ケリー、マイクといった残りの連中はプロレスラーとしてまだ線が細く、親父の威を借りてリングに上がっていた部分があった。

ダラス地区にいた時、俺自身も事情をよく把握していないのだが、ケリー・キニスキーという選手が怪我をしたとかで、彼が保持していたWCCWのテレビ王座を俺が自動的に譲り受けることになった。自慢できる話ではないが、これが俺にとって4本目のシングルのベルトだ。このタイトルを巡って、ケビンと短期間の抗争を繰り広げたこともある。

このケビンに限らずエリック兄弟はいずれも性格は良いのだが、私生活はデタラメだった印象がある。困ったのは、スピードを飲んでリングに上がってくることだ。興奮剤代わりに使っていたのだろうが、試合中に効きすぎてメチャクチャな動きをすることもある。神経が昂ぶってバンバン動き回れば、確かに観客は大喜びするが、こちらは試合を成立させるのに一苦労だ。これに関しては、フリーバーズの連中も頭を抱えていた。

ところで、俺がカルガリーやダラス地区をサーキットしている最中、日本では再び水面下でいろいろな動きがあったようだ。これらについても、俺の立場から素直な気持ちを綴ってみたい。

新日本を追われた新間さんは、84年4月にUWFという新団体を旗揚げした。後から人に見せてもらって驚いたのだが、旗揚げシリーズのポスターには、猪木さんやタイガーマスク、アンドレ・ザ・ジャイアント、ハルク・ホーガンらと並んで俺の名前と顔写真も掲載されている。もしかしたら俺を目当てに会場に足を運んだファンもいるかもしれないので説明しておくと、俺は新間さんから連絡をもらったこともないし、誰からもUWFには誘われていない。

おそらくあれは新間さん流の仕掛けというか、ハッタリだったのだろう。今更、この件について怒る気はない。冷静に考えてみれば、集客のために名前を勝手に使いたいほど俺の価値が日本でも上がっていたということだ。

新間さんは早々に経営から離れたようで、その後は前田や佐山、藤原、木戸さんたちが中心となり、UWFは格闘技色の強いプロレスを売り物にした。意外かもしれないが、俺はゴッチさんからセメントを習っていたこともあって、UWFのプロレスには親近感を感じていた。

俺は海外にいたから、彼らの試合は観ていない。日本の友人から送られてくるプロレス雑誌で記事や写真を見た程度だが、こういう格闘技的な戦いをファンが求めていて、それが時代の流れに合っているのなら、その路線を突き進むのも新鮮味があって面白いと俺は考えていた。それに俺にとって、佐山も前田も可愛い後輩だ。口にこそ出さなかったが、俺は彼らのことを密かに応援していたし、成功して欲しいと願っていた。

このUWFは、前年のクーデター騒動の余波で生まれた団体と言っていい。猪木さんに近い存在と見なされ、クーデター派から声がかからなかった藤原まで飛び出したのだから、おそらく新日本の内部はガタガタだったのだろう。

ＵＷＦ旗揚げ後、今度は大塚さんが動いた。聞いたところによると、大塚さんの新日本プロレス興行は猪木さんとの関係がおかしくなり、全日本プロレスの興行を手掛けることになったという。さらに8月になって大塚さんは記者会見で「新日本プロレスと絶縁する」と発表し、新日本の選手の引き抜きも公言したそうだ。

ＵＷＦの時と同様に、アメリカにいる俺は日本のプロレス雑誌で見た情報しかない。どちらも俺の中では他人事だから、「新日本は大変なことになっているが、自業自得だな」と思いつつ、日本という国がどんどん自分から遠退いていくような感覚に陥っていた。

俺はこれ以上、日本のゴタゴタには巻き込まれたくなかった。当時、ＮＷＡという組織は少し陰りを見せており、潰れるテリトリーもあったが、ダラス地区では順調に稼げていたし、日本の状況を見ていると、まだこちらにいた方が仕事面では安定する気がした。

新団体の設立は、レスラーにとって仕事場が増えることを意味する。引き抜きに応じれば、支度金や契約金も入ってくる。俺は新日本に戻る気は微塵もなく、かつて同じ釜の飯を食った仲間たちが潤えばいいなと思いながら、将来はアメリカで日本食のレストランでもやろうかとボンヤリながら計画を立てていた。

しかし、日本から一本の国際電話がかかってきたことで、俺の運命は変わる。電話の主は大塚さんだった。

「維新軍のメンバーは全員こちらに移ることになっていますし、他にも賛同してくれた選手が何人もいます。自分たちでガラス張りの会社を創ろうと思っているんです。それには小沢さんの力も必要なんです。日本に戻って来ませんか?」

大塚さんの話によると、将来的には団体として独自に活動する予定だが、当面は全日本プロレスのリングに上がって対抗戦をするという。

俺は「申し訳ないが、協力できません」と丁寧に断った。もちろん、大塚さんが声をかけてくれたこと自体は嬉しかった。必要とされて、嫌な気分になる人間はいない。

さらに全日本に上がるという部分には魅力を感じた。前に書いたように、日本プロレスがゴタゴタしていた時、俺は全日本に行きたかったし、馬場さんもOKしていた。

しかし、これからはアメリカでやって行くと決めたばかりだ。ダラス地区のスケジュールだって残っている。維新軍の仲間たちに手を貸したいという気持ちもあったが、まずは自分の人生を優先した方がいい。

そんな気持ちで大塚さんの誘いを断ったのだが、数日後に今度は永源さんから国際電話がかかってきた。

「小沢、お前は何を言ってるんだ。俺たちがみんなで協力してガラス張りの会社を創ろうと動いているのに、お前は断るのか!」

「永源さん、その会社は本当にガラス張りなんですか?」

「本当だよ。長州や他の選手もやると言ってるんだ!」

だが、俺は再び参加を断った。すると、永源さんは脅かそうと思ったのか、裏社会の人間の具体的な名前を出してきた。

「おい、お前が日本に帰って来たらタダじゃおかないと○○さんが言ってるぞ！」

俺は別に永源さんがそういう人脈をチラつかせてきたことを批判するつもりはない。その親分さんには、俺も飯を食わせてもらったことがある。今なら一緒に食事をしただけで大問題になるのだろうが、当時はそんなことで大騒ぎするような奴はいなかった。

「何をバカなことを言ってるんですか。そんなことができるわけないでしょう。もう、いいですよ。そこまで言うなら、わかりましたよ。本当にガラス張りなんですね？」

「本当に決まってるだろ。早く日本に戻って来いよ！」

この電話で俺は観念した。そこまで言うなら、協力しよう。永源さんは別にして、維新軍の仲間や大塚さんに協力することに関しては、やぶさかではない。

ただし、俺の中で譲れない条件があった。俺にはアメリカという仕事場があり、そちらはそちらで大切だ。これはマサ斎藤さんも同じ考えだった。俺は会社に「アメリカでも仕事ができる」という条件を呑んでもらい、合流を正式に決めた。

ダラスから日本に飛んだ俺は、9月27日にキャピトルホテル東急で大塚さんと記者会見を開いた。その席上、俺は「金では動かない。金より大切なものがある」とコメントしたが、それを聞いて大塚さんが驚いた表情でこちらを見ていた。

おそらく「アンタは多額の支度金をもらっているじゃないか⁉」という意味だったのだろう。後から聞いた話によると、日本に戻る間に俺の支度金の一部はどこかに消え、誰かの懐に入ったようだ。この時の大塚さんの顔は、今でも忘れることができない。

俺が会見を開いた時点で、永源さんの他にも、維新軍の仲間だった長州、浜口さん、谷津、小林邦昭、さらに寺西勇さん、栗栖正伸、保永昇男、新倉史祐、仲野信市らが新日本プロレス興行に移籍することを表明していた。

この後、新日本の若手だった笹崎伸司、レフェリーのタイガー服部さんも合流して新日本プロレス興行は『ジャパンプロレス』へと名称を変更し、最後には斎藤さんもメンバーに加わった。

俺は大塚さんとの記者会見を終えると、スケジュールを消化するためにダラス地区へトンボ返りした。記録に残っているダラス地区での最後の試合は、12月5日のテリー・ゴディ戦である。俺は会社との話し合いで、最初の1年間は基本的にジャパンのスケジュールを優先することになったから、アメリカとはしばしのお別れだ。

俺が帰国すると、ジャパンのメンバー全員で居酒屋に集まり、酒を酌み交わした。要は決起集会である。その場で、リーダーの長州は次のように宣言した。

「この団体が俺たちにとって最後の団体だ。もしダメになったら、みんなでプロレスを辞めよう」

俺も同じ気持ちだった。維新軍の仲間たちと仕事をしていくことに異存はない。アメリカはともかく、日本ではこの団体に骨を埋める気持ちでやろう。

スポンサーが道場を創ってくれたし、事務所も立派なものができた。何よりもこの団体は新日本と違って、すべてをガラス張りでやるという点に俺は惹かれていた。会社の売上げが選手に還元されず、どこかに横流しされることはないはずだ。アメリカでも稼げる俺にとって、この新団体が成功するかどうかは重要な問題ではなかった。

1年間は日本を拠点にすることになったから、俺は思い切って家族も連れてくることにした。当初は都内でマンションを借りようと思っていたのだが、長州が道場の近くに家を持っているという話を聞いた。

「長州、あそこはお前の持ち物なの?」

「そうですよ」

「じゃあ、貸してくれよ」

交渉は簡単に成立し、俺は世田谷にある一軒家を借りることになった。おそらく長州はジャパンから受け取った支度金で、その家を購入したのだろう。長女と次女は、世田谷の道場の近くにある幼稚園に通わせることにした。

世田谷に住んだことに関しては、今でも失敗だったと悔やんでいる。俺は地方巡業などで家にあまり帰れない。そうなると、英語しか喋れない女房にとって話し相手がいないのだ。

六本木辺りに住んでいれば、外国人もたくさんいるので友達ができたかもしれないが、その当時の世田谷には外国人同士が知り合う場所などなかった。日本語のできない女房がそのような環境で不安を感じたのは、至極当然だ。幼稚園から通知が来ても、日本語で書いてあるので内容は理解できないし、教えてくれる相手もいない。さらに長男はまだ生後9ヵ月で、その世話もある。

そして、そんな環境で暮らしていた結果、女房はノイローゼになってしまった。これについては、俺の判断が浅はかだったというしかない。

第24章　85年1月22日、無人のトイレでグラン浜田を制裁

ジャパンプロレスは84年12月4日に高松市民文化センターで初の自主興行を開催したが、俺はまだアメリカにいてダラス地区のスケジュールを消化中だった。

俺がジャパンのリングに初めて上がったのは、同月13日に後楽園ホールで開催されたジャパンプロレス設立1周年記念興行である。これは新日本プロレス興行がスタートして1年という意味で、実質的にはジャパンの旗揚げ第2戦だった。

ただし、俺は試合はせず、リング上で挨拶しただけだった。本格的に始動するのは、年明けにスタートする全日本プロレスの後楽園ホール3連戦からである。

ジャパンの設立は見方を変えれば、馬場さんの長州引き抜き、新日本プロレス潰しとも言える。俺たちは大塚さんに誘われた形だが、当然それ以前に馬場さんのOKをもらっていたはずだ。そうでなければ、上がるリングもないのに俺たちを引き抜いたことになる。当時、全日本に上がるには、馬場さんだけでなく日本テレビの了承も必要だったはずだ。

84年春に新間さんがUWFを旗揚げし、新日本のレスラーがそちらに流れたことで、テレビ朝日は警戒心を抱いたのだろう。その後、新日本の所属選手はテレビ朝日と専属契約を交わすことになった。要は、他局のプロレス中継に出ることを禁じるという契約だ。

だから、長州以下、ジャパンの選手たちはテレビ朝日専属のレスラーだった。俺自身は記憶が曖昧なのだが、紙切れにサインをしたかと聞かれれば、したような気もする。

それを承知の上で、大塚さんは俺たちに声をかけた。これは契約問題が起きても、馬場さんと日本テレビが最大限にバックアップしてくれることが決まっていたからに違いない。

プロモーター同士の密約はレスラーにもなかなか漏れてこないものだが、俺は馬場さんの方から「○○は呼べないのか?」と大塚さんにリクエストもあったのではないかと推測している。どういう経緯で俺がジャパンに誘われたかは知らないが、馬場さんは俺の名前が出た時、絶対に反対しなかったと確信している。むしろ喜んでくれたのではないだろうか。

かなり回り道をしたが、俺はようやく馬場さんのリングに上がれることになった。全日本にはザ・グレート・カブキこと高千穂さんもいたし、日本プロレス時代に可愛がってくれたジョー樋口さんとの再会も楽しみだった。

おそらくジャパンのメンバーの中で、全日本に上がれることに最も喜びを感じていたのは俺かもしれない。あの頃、新日本には「俺たちの方が練習量が多い」という変なプライドを持ち、全日本を見下すレスラーも多かったが、俺の中にそんな気持ちは微塵もなかった。

85年正月、俺は後楽園ホールに着くと、馬場さんの控室を訪ね、「お久しぶりです！　これからお世話になります」と挨拶した。

馬場さんは俺の姿を見て、「おお、小沢！　よく来てくれたな」と笑顔で応えてくれた。その一言で十分だ。今になって振り返ると、俺はジャパン側の人間ながらも、「馬場さんのためにも頑張らねば」という気持ちも持ちながら全日本のリングに上がっていたところもある。

当時、全日本のカードは基本的に馬場さんが組んでいた。しかし、ジャパン絡みのカードは馬場さんと永源さんが相談してマッチメークすることになった。

俺の初戦は、1月2日。対戦相手は全日本の選手ではなく、ジプシー・ジョーである。最後はダブル・ニードロップで俺が勝利したが、試合時間は僅か1分49秒だった。国際プロレスの元外国人エースを秒殺とするというマッチメークは、馬場さんからのご祝儀のようなものだろう。

2戦目では、セミで早くも馬場さんとの初対決が組まれた。俺は永源さん、馬場さんは佐藤昭雄選手と組んでのタッグマッチである。

3戦目で俺は初めてメインに登場し、長州、浜口さんと組み、相手はジャンボ鶴田、天龍選手、カブキさんというカードだった。

この3試合を見てもわかるように、当初の俺の扱いは長州に次ぐジャパンのナンバー2という位置付けだった。新日本の頃は浜口さんや谷津が長州の女房役だったが、おそらく馬場さんは大きなレスラーが好きだから、俺を重用しようと考えていたはずだ。

2月21日、大阪城ホールで俺は馬場さんとシングルで戦った。試合には敗れたが、勝敗は関係ない。尊敬していた馬場さんと一騎打ちが組まれ、実際に肌を合わせただけで俺は満足だった。

ファンはどう思っているか知らないが、馬場さんは試合巧者だ。猪木さんもそうなのだが、相手をちゃんと盛り立てる術を知っている。馬場さん、猪木さんの両巨頭と対戦経験のある俺の率直な感想は、2人のプロレスの巧さは他の日本人レスラーに比べると群を抜いていた。

惜しむらくは、この頃の馬場さんがすでに下り坂だったことである。言いにくいが、少し気を遣いながら戦ったことは事実だ。ただし、ファンに「腕が細い」などと非難されていたものの、実際にはそれほど細くはなく、まだまだ足も速かったし、動きも素早かった。

店に来たお客さんには、鶴田選手もこともよく聞かれる。俺に言わせれば、彼は自分を強く見せるということに長けていた。確かにスタミナはあったし、試合の組み立てもそれほど下手ではないが、自分が弱く見えるようなことはしなかった。そこがプロレスファンに「最強」と言われる由縁だろう。少なくとも、俺は鶴田選手を「強い」と感じたことはない。

プロレスの試合はお互いを引き立てながら、フィニッシュに向かって行く。しかし、鶴田選手は自分がやられているのに、ダメージのある素振りを見せないことがあった。つまり、こちらを立ててくれないのだ。これは正直言って、やりにくい。自分を強く見せたいのだろうが、こういうタイ

ジャパンプロレスが全日本プロレスと提携したことで、やっと尊敬するジャイアント馬場さんと対戦することができた。当時は敵対していたので無理だったが、一度くらいは「新潟コンビ」を組んでみたかったというのが俺の正直な気持ちである。

プのレスラーは嫌われる。

当時、鶴田選手がプロレス雑誌のインタビューでこんなことを言っていた。

「キラー・カーンは、あの顔だからアメリカでメインイベンターになれたんだ」

これを読んで、俺ははらわたが煮えくりかえった。この男は、何を言っているのか。あまりにも失礼な話である。

顔だけでメインイベンターになれるほど、甘い世界ではない。自分はアメリカで成功できなかったからジェラシーを抱いていたのかもしれないが、少なくとも業界の先輩に対して発する言葉ではない。この一件で、俺は彼の人間性が一発でわかった。人気はあったかもしれないが、人間としては大した男ではない。

それに比べれば、天龍選手とは気持ち良く試合ができた。何よりも俺がプロレスにおいて重視している「重み」が鶴田選手とは違った。

フロリダ地区やジョージア地区で一緒になった頃の天龍選手は、中堅止まりだった。まだキャリアも浅かったから、他のレスラーと違いを出すのは難しかったはずだ。

身体がズバ抜けて大きいわけでもなく、筋肉隆々でもないし、マスク自体も迫力があるわけでもない。「元スモウレスラー」というのはプラスの要素なのだが、腹が出ていないから、アメリカ人が抱く相撲取りのイメージもなかった。アメリカでは何でもいいから「俺はこれが武器だ！」と自信を持って言える独自の売り物を持っていないと、なかなか上には行けない。

ただ、天龍選手は悪い人間ではなかった。だから、アメリカでも試合を組んでもらえたのだと思う。このジャパン時代は、天龍選手の持つUNヘビー級王座を俺が狙う形でちょっとした抗争もした。おそらくこの時期に全日本のリングで戦った時、天龍選手も俺に好印象を抱いてくれたはずだ。なぜなら、後に天龍選手が新団体に始める時に俺を誘ってくれたからだ。

それを抜きにしても、対戦相手として鶴田選手より天龍選手を評価するレスラーは多いのではないだろうか。天龍選手は、自分だけがいいカッコをすることはなかった。プロレスとは、こういうところに人間性が表れるものなのだ。

ところで、全日本では因縁のグラン浜田と再会した。浜田は新日本を離れてUWFの旗揚げに参加したが、新間さんと一緒にフェードアウトしたという。その後、新間さんの仲介で馬場さんがメキシコのUWAと提携を結んだので、浜田もそのルートで全日本のリングに上がることになった。

前にも書いたが、メキシコで俺とアンドレの試合が一旦は決まったものの、流れてしまった原因のひとつは浜田の横槍だった。いつか懲らしめてやると心に誓っていたが、遂にその機会が来たのだ。

巡業中のある日、俺は控室で浜田を問い詰めた。

「お前、人の仕事の邪魔をするもんじゃないよ。何様のつもりなんだ!」

浜田も何やら反論してきたが、俺は聞く耳を持たなかったし、ここで言い争っていても仕方がない。今、制裁を加えたら、周りの選手たちが止めに入るのは目に見えている。俺は怒りを抑えて、チャンスを待った。

85年1月22日、大津市皇子ヶ丘公園体育館。バックステージで浜田を見かけたので、俺は「試合が終わったら、必ずここに来い」とトイレを指差した。そこは観客が絶対に入って来ない場所にあるトイレだった。

その日、浜田はマイティ井上さんとタッグを組み、試合を終えると2人で戻って来た。もう問い詰めるという段階ではない。トイレに入ってきた浜田は呑気に洗面台で顔を洗っていたが、俺は無言のまま殴りかかった。その光景を井上さんは側で見ていたが、止めようとはしなかった。

俺は浜田の顔が腫れ上がるまで、何発も食らわせた。そこに、たまたま高千穂さんが通りかかった。浜田の様子を目にして何が起きているのか察した高千穂さんは、後で「小沢、よくやった。あの野郎、生意気だからな」と褒め称えてくれた。

だが、俺にも否がある。最悪の場合、浜田が次の日の試合に穴を空けてしまう可能性もあったからだ。プロモーターの側から見れば、問題行動である。

井上さんや高千穂さんに見られたし、こういう話は瞬時にレスラーの間に広まる。この時はレフエリーの服部さんが俺のところに来て、馬場さんの言葉を伝えてくれた。

「あの小沢が怒ったんだから、しょうがねえよ」

俺は滅多に怒ることはない。その俺がこうした行動に出たのは、よほどの理由があったということを馬場さんは理解してくれたのだ。

浜田はメキシコでトップを取り、天狗になっていた。自力でそれだけの地位を築いたのは大したものだと思うが、なぜ他人の足を引っ張るほど人格が歪んでしまったのか。やはり、そこには自分の身長に対するコンプレックスがあったのではないかと俺は思っている。

第25章　「剛竜馬オイチョカブ騒動」の真相

俺は85年の4月下旬から1週間ほど、オーストラリアに遠征した。ちょうどこの期間は全日本のシリーズオフで、スタン・ハンセンとブルーザー・ブロディも一緒だった。おそらくレスラー派遣のオファーを受けた馬場さんが俺をメンバーに選んでくれたのだろう。現地ではロン・ミラーという選手と試合をしたが、彼はこの興行の主催者でもあった。

ハンセンとは旧知の間柄で、ジョージア地区でも戦ったことがある。ハンセンやテッド・デビアスなどアメリカンフットボールをやっていたレスラーのショルダータックルは、元相撲取りの俺から見ても、タイミング、見映え、迫力のいずれも最高だ。

ハンセンの場合は、あの太い腕がセットになってぶつかってくるから、受ける方はたまらない。ウエスタン・ラリアットは迫力、説得力という点で、長州のラリアットとは比べ物にならなかった。

あの入場時に右手を突き上げるロングホーンというパフォーマンスも、彼のプロレス的な頭の良さの証明だ。はっきり言ってしまえば、あれは腕を上げて吠えているだけである。しかし、日本のプロレスファンはあれを生で観たいと思ったはずだし、誰もが真似をしたことがあるだろう。そうした単純なパフォーマンスを「売り物」に換えられるレスラーは限られる。ハンセンもただガムシャラに試合をしていただけでは、新日本でも全日本でも外国人ナンバーワンの座を取れなかったに違いない。

ブロディとは、このジャパンプロレス時代に初めて会った。やはり一流と呼ばれる選手は、誰もが売り物を持っている。ブロディの場合は運動能力も抜群だったが、あの「迫力」が超一流だった。

この遠征中、ブロディが俺にアドバイスを求めてきた。

「お前のニードロップは素晴らしいな。コツを教えてくれ」

だが、教えてできるようなものでもない。それまでもブロディはニードロップを使っていたが、身体がどうしても斜めになってしまうから見映えが悪かった。

俺のニードロップは、両足を揃えて垂直に落ちる。どちらが説得力が上かは誰の目にも明らかだろう。一応、コツを教えたのだが、ブロディが最後まで俺のようにできなかったのか、それとも自分流を貫いたのかはわからない。

オーストラリア遠征から帰国した後には、思わぬアクシデントに襲われた。

自分の体調が悪いと気付いたのは、会場に着いてからだった。6月4日、大阪城ホール。この日は全日本のビッグマッチで、俺は谷津と組み、ロード・ウォリアーズと対戦することになっていた。

熱が出て気分は最悪だったものの、すでにカードが発表されている。キャンセルすることも考えたが、谷津が「小沢さんの分も頑張るから」と言ってくれたので、とにかくリングにだけは上がろうと覚悟を決め、控室で点滴を打ちながら出番を待った。

こんな状態だったから、試合の内容はまったく憶えていない。診断の結果、俺は急性リンパ管炎にかかっており、2週間ほど欠場することになった。

その頃、俺は天龍選手と抗争しており、彼が持っているUNヘビー級王座に挑戦することも決まっていたのだが、この試合も谷津が代役を務めてくれた。一緒に盛り上げてくれていた天龍選手、そして俺をいいポジションで使ってくれていた馬場さんに対して本当に申し訳ない気持ちになったものだ。

その大阪城ホールで対戦したロード・ウォリアーズは当時、全日本マットを席巻中だった。俺もあの筋肉がムキムキの身体は素直に凄いと思ったし、試合で当たった時には、この俺がリフトアップされてしまった。いくらこちらが身体を預けたからといって、そんなことができるレスラーは滅多にいない。

彼らは、すぐに試合を終わらせる「秒殺」が売りだった。あれはアメリカのテレビマッチを意識した演出だったはずである。ウォリアーズのような試合を他のレスラーがやったら、おそらく業界から総スカンを食らったのではないだろうか。しかし、彼らはそれを許される「説得力」と「集客力」を兼ね備えていた。

ウォリアーズが一方的に暴れ、すぐに試合が終わっても、多くの観客がそれを見たさに会場に足を運ぶのだとしたら、それはそれでOKというのが俺の考えだ。こんなことを言ったら身も蓋もないが、やられる方も仕事でやっている。彼らのファイトスタイルには賛否両論あるようだが、ビジネスをアップさせたことは正当に評価されるべきだ。

この年の9月に、俺は再びオーストラリアに行っている。ただ、対戦相手は知らないレスラーだったし、試合の記憶はほとんどない。

この時には、思いがけない再会があった。空港に着いてロビーを歩いていると、背後から日本語で「おい、小沢！」と声がした。

振り向くと、俺が日本プロレス時代に韓国遠征でお世話になった柳川組の柳川次郎さんで、ちょうど日本に帰国するところだという。俺はなぜか柳川さんに気に入られ、「お前は息子だ」と言われたこともある。

柳川組の武闘派ぶりは、『日本暴力列島　京阪神殺しの軍団』（75年公開、東映）として映画化されている。もちろん、そこに描かれているのはフィクションだが、現実の世界においても組長の柳川さんは相当なことをしていたはずだ。

「本当に柳川さんは人を殺したことがあるのかなあ」

それが俺の正直な印象だ。実際には柳川さん自身ではなく、舎弟の人たちが手を下すのかもしれないが、俺は柳川さんの恐い面を見たことがないし、レスラーの前でそういうオーラを出さない人だった。こういう言い方は失礼だが、俺の中では今でも「いいオヤジ」というイメージしかない。

翌86年1月にはサウジアラビアにも遠征している。この時はオマーンにも足を伸ばした。日本人では、剛竜馬とミスター珍さんも一緒だった。おそらく剛は馬場さんの口利きで、珍さんはこの興行のブッカーだったタイガー・ジェット・シンと個人的に仲が良かったから声がかかったのだろう。

サウジアラビアの空港に着くと、俺たち3人はいきなり税関で足止めを食らった。珍さんがドラッグ持ち込みの嫌疑をかけられたのだ。しばらくして、それが糖尿病用のインシュリンの注射だと判明し、俺たちは解放されたが、危うく試合に穴を空けるところだった。

このサウジ遠征では、ちょっとしたエピソードがある。業界の一部では、この時に俺が剛とオイチョカブをやって大勝ちし、大金を取り立てるために追い込みをかけたという噂があるそうだが、真相は違う。

確かに俺は現地で剛とオイチョカブをやり、勝ちが続いていた。

「剛、俺は相撲の頃からやってるから勝ち方も知ってるし、この辺で止めておいた方がいいぞ」

「いや、小沢さん、まだまだですよ。この負けは取り返しますよ」

しかし、流れは一向に変わらず、俺が優勢のまま時間だけが過ぎた。剛はガンガン金を突っ込んでくるが、取り返すどころか勝てる雰囲気はまったくない。その結果、払えないほど大負けした。

だが、所詮ギャンブルで勝った金だ。俺は勝ち分をもらう気はなかったが、日本に帰ってから、この話をジャパンの控室でしたことがまずかった。俺がいない時、誰かがイタズラでジャパンの若手を剛が所属していた国際血盟軍の控室に向かわせたのだ。

「小沢さんの勝ち分を取り立てに来ました」

もちろん、控室の中にはラッシャー木村さんなどもいる。さすがに剛もバツが悪かっただろう。とはいえ、すぐに払えるような金額ではないし、立場的に強い態度に出るわけにもいかない。結局、その若手が手ぶらで戻ってくると、ジャパンの選手たちは国際血盟軍の控室に向かって、「金、払え！　金、払え！」と大声でコールしたという。

これはレスラー特有の悪ふざけだが、俺はある人に聞かされるまで知らなかったし、無関係だ。

ただ、俺の忠告を聞き入れずに金を突っ込みまくった剛にも否はある。

このサウジアラビア遠征で俺はシンの相手を務めた。ここではシンがベビーフェースで、俺がヒールである。新日本時代からの付き合いだから手の内はわかっているし、試合はそれなりに盛り上がった。

シンはレスリング自体はそれほどできるとは思わないが、プロレスというものをよく心得ていた。彼はメチャクチャに暴れているように見えて、実はすべて計算して動いている。サーベルや凶器を振り回しながら、ちゃんと観客の頭の中を読んで動いているのだ。日本においては、「客を沸かせる」という意味でシンを凌ぐ外国人レスラーはなかなか見当たらない。

彼はビジネスマン的な感覚も優れていた。ギャラが入っても、女やギャンブルに狂って右から左に消えていくというレスラーは多い。だが、彼は日本で稼ぎまくった金でサイドビジネスを始め、そちらの世界でも成功したと聞く。

このサウジアラビア遠征もシンがブッカーとして、「俺がレスラーを調達するから、プロレスの興行をしよう」と現地の富豪に持ちかけて実現したものだ。インド系の横の繋がりがあったのだと思うが、シンは世界各国にコネクションを持っていて、「南アフリカの興行に出ないか?」と誘われたこともあった。

その話は忙しかったので断ったのだが、後にシンの誘いを受けて南アフリカに向かったハル薗田選手が飛行機の墜落事故で亡くなったと聞いた時は、背筋に冷たいものが走った。

第26章　俺が「恩知らずのキラー・カーン」と呼ばれた混迷期

全日本プロレスとの対抗戦が盛り上がっていた中、85年8月5日に大阪城ホールでジャパンの自主興行が開催された。

この日はメインで長州と鶴田選手の一騎打ちが行われることになっていたが、試合当日に鶴田選手が右肘を緊急手術することになり、長州の相手は谷津に変更された。

その試合後、長州がマイクを持って観客に叫んだ。

「もう馬場、猪木の時代じゃない。俺たちの時代だ」

いわゆる「俺たちの時代宣言」というやつである。長州が「俺たち」と呼んだのは、新日本の藤波選手、全日本では鶴田選手、天龍選手の世代のことだ。

プロレスマスコミはこの発言をセンセーショナルに伝え、長州のファンも拍手喝采を送ったが、俺は正直言ってピンと来なかった。日本のプロレス界もそろそろ時代の転換点が来るとは思っていたものの、まさか馬場さんや猪木さんに取って代わるのが長州のはずがない。俺から見れば、長州にしても鶴田選手にしても、まだまだその域には達していなかった。

「軽々しく『俺たちの時代』と叫んでも、何も変わらない」

俺はそんなことを考えながら、冷めた目で長州の言動を眺めていた。

85～86年頃のジャパンプロレスは、「完全独立」という大きな目標に向けて一致団結していた。今となっては後の祭りだが、もしテレビ中継やUWFとの提携が実現していたら分裂劇は起きていなかったかもしれない。

現実的な話をすれば、この時期も地方へ行った際に観客を集めていたのは、馬場さんだ。特に年配のお客さんからの支持は、圧倒的に長州よりも上だった。俺は離れていたから断言できないが、新日本も猪木さん抜きには興行が成り立たなかっただろう。

この「俺たち」の中には、キラー・カーンも含まれていたようだ。ただし、俺自身にそんな意識はなかった。別に先輩面をするつもりはないが、俺は日本プロレスの頃からリングに上がっている。年齢も違うし、俺の中には長州や鶴田選手と「同世代」という感覚はなかった。

この頃、長州は若い女性ファンが増えてきたから、その気になってしまうのもわからないでもない。とはいえ、彼はサインを求められても気軽に応じるようなタイプではなかった。そこにはイメージ作りもあっ

俺は会社の方針でジャパン勢に反旗を翻し、カルガリー・ハリケーンズと合体することになった。ファンの目には迷走しているように映ったかもしれないが、この黒頭巾も俺自身が考えたわけではない。

たのだろう。だが、ファンを大事にしない人間が業界で真のトップに立つことは難しい。もし立ったとしても、すぐに失敗するのは明らかだ。

ただし、この時期の長州、そしてジャパンプロレスが時代の中心だったことは事実だ。長州が「俺たちの時代」を宣言した大阪城ホール大会では、もうひとつの大きな出来事が起きている。

新日本プロレスで活躍していたスーパー・ストロング・マシンが来場して、長州と握手を交わしたのだ。その後、マシンはヒロ斎藤、高野俊二と共に新日本を離脱して、独立ユニット『カルガリー・ハリケーンズ』を結成することになるが、これは実質的にはジャパンによる引き抜きだった。

また、これと前後してジャパンの試合をＴＢＳで中継するという話もあったし、前田たちのＵＷＦと業務提携するプランもあった。結局、どちらも実現しなかったが、全日本に頼らず、完全に独立しようと水面下でいろいろ画策していたのだ。日本テレビの『全日本プロレス中継』はこの年の秋からゴールデンタイムに復帰したが、これも「ジャパンプロレス効果」と言えるだろう。

俺は単なる所属選手で、ジャパンのオフィスには入っていなかったから、そうした交渉事に関わったことはない。俺はレスラー人生の中でブッカーやプロモーターになろうと思ったことは一度もなく、あくまでレスラーでいたかった。

自分のカードについて、マッチメーカーに文句を付けたりしたこともない。しかし、そんなスタンスでいたせいか、俺は徐々に日本でのポジションがあやふやになっていく。

86年に入ると、新日本及びテレビ朝日との契約問題が解決したハリケーンズも全日本に上がるようになった。しかし、それによりリングの上は、全日本勢、ジャパン勢、国際血盟軍、ハリケーンズ、そして常連の外国人選手が入り乱れ、飽和状態になってしまった。

その結果、まず馬場さんは国際血盟軍の剛竜馬、高杉政彦（ウルトラセブン）、アポロ菅原の3人を解雇した。そして、ラッシャー木村さんと鶴見五郎選手の2人だけになった国際血盟軍に、カブキさんや阿修羅・原が助っ人に入るようになった。

こうした改編の動きは、ジャパンプロレスにも波及する。ハリケーンズはリング上ではジャパンと対立する形を取っていたのだが、俺は反旗を翻して彼らと共闘していくことになったのだ。

6月5日、大阪城ホール。俺はウォリアーズと対戦したマシン＆俊二に加勢し、そのまま欠場すると、表向きはジャパンを離脱してフリーランスとなり、ハリケーンズと合体した。要は人数が少なかったハリケーンズの方に移り、彼らをバックアップするということだ。

この後、俺はKKK（クー・クラックス・クラン）を意識した黒頭巾を被ったり、顔にペイントを施したり、「悪」を強調する出で立ちでリングに立つようになった。これも会社側の要請である。俺は長州の首に狙いを定め、彼の自慢の長髪をハサミで切ったこともあった。

日本テレビの中継で実況を担当していた若林健治アナは、長州に造反した俺の姿を見て「恩知らずのキラー・カーン！」と絶叫していたが、俺は後輩の長州に世話になったことはない。もちろん、若林さんも今ではそれを理解しており、「カーンさんの方が遥かに性格がいいのはよくわかった」と言ってくれる。

7月31日、両国国技館で俺は遂に長州とシングルで対決した。試合は流血戦となり、最後は長州が俺をリキ・ラリアットで沈めるという展開だった。

人間性を抜きにしても、俺は長州というレスラーをあまり評価していない。この日、俺のトップロープからのダブル・ニードロップを食らっても、長州は「効いていない」と人差し指を振って客席にアピールした。相手のフィニッシュホールドを大事にしないというのは、三流どころか五流のレスラーがやることだ。

長州は、藤波選手と名勝負を何度も繰り広げたことになっている。だが、あれは藤波選手が試合を組み立て、長州を引っ張ったから成立しただけの話だ。そういう面では、長州は恵まれていた。長州はフィニッシュホールドも、人の技をそのまま頂戴して使っている。その神経が俺には信じられない。誰がどう考えても、ラリアットはスタン・ハンセンの技だ。

ところで、この頃にはジャパンと全日本の対抗戦もいい加減やり尽くしており、リング上では新しい展開が求められていた。

ジャパンを離れた後に俺は何度かラッシャー木村さんとも組まされたし、ハリケーンズには阿修羅・原が合流してきた。おそらく、この辺りの流れはファンも観ていて違和感を覚えたのではないだろうか。表面上は何らかの理由付けをしていたはずだが、員数合わせでレスラーを継ぎはぎしていただけで、良い効果は生まれなかったように思う。

あの一騎打ちでの長州の「振る舞い」は、今思い返しても腹が立つ。もし俺が途中で試合を投げ出しても、プロレスの何たるかを知っている馬場さんは許してくれていただろう。

この頃、全日本には元横綱の輪島大士さんも入って来た。同じ角界出身と言っても、俺と輪島さんの間に接点はない。彼が初土俵を踏んだ時、俺はすでにプロレスの世界に入っていた。

輪島さんがプロレスに転向すると聞いた時は驚いたが、実際に試合を見ると天下の大横綱にしては物足りなかった。俺たちが入った頃は、とにかく一から基礎を身体に叩き込んだ上、練習に練習を積み重ねてプロレスというものを覚えていったのだが、輪島さんの場合は違ったようだ。

確かに横綱として何度も優勝している人が、若手に混じって受け身の練習をやったりするのは精神的にもキツイだろう。その辺りは、馬場さんも扱いにくい部分はあったと思う。しかし、輪島さんの名前でお客さんを呼べるとはいえ、基礎もできてないうちにリングに上げてしまうことに関して、俺は否を唱えたい。

この年の暮れには、テリー・ゴディと組んで『世界最強タッグ決定リーグ戦』に出場した。ゴディとは気心が知れていたから楽しかったが、これも一言で言えば、単なる員数合わせの急造コンビだ。

この頃の俺は会社に言われたことをそのままやっていただけだが、ファンには方向性を見失っているように映ったかもしれない。アメリカでもそうだが、やはりヒールは同じ場所に長く留まっていてはダメなのだ。

飽きられてきたなと感じたら1年ぐらい外に出て、舞い戻ってくると、「あの野郎が帰ってきやがった！」とブーイングで迎え入れられる。今考えても、それが俺にはベストな生き方だ。

第27章　全米を股にかけてハルク・ホーガンと抗争を展開

年が明けて、俺は87年正月に始まった全日本プロレスの新春シリーズに途中から参加したが、この時はいつも通りだったような気がする。

その後、俺はフロリダの自宅に戻り、2月のシリーズは休んだ。このように前年の暮れからこの年の春にかけて、俺は日本とアメリカを行ったり来たりしていたから内部事情に疎かったのだが、水面下では信じられない動きがあったようだ。

俺は春になって、久々に日本に戻って来た。4月2日、全日本の大阪府立体育会館大会で試合が組まれていたからだ。

すでに俺はWWFに戻ることが決まっていたので、向こうでその準備をしていたのだが、この大阪大会はジャパンプロレスが全日本から買った興行だったから出ないわけにはいかない。この日、俺は阿修羅・原と組み、カブキさんと大熊さんのコンビに勝利した。結果的に、この一戦が俺の日本におけるラストマッチとなってしまった。

日本に戻ると、おかしな話を聞いた。長州をジャパンから追放することになったという。長州がガングリオンという関節に腫瘤ができる病気になり、欠場中だという情報を聞いて俺は心配していたのだが、その長州が新日本プロレスに戻るという話も聞いた。

俺は長州がそんなことをするとは思えなかった。全日本に上がり始めて半年ぐらい経った頃、大塚さんは長州に社長の座を譲った。だから、この時点で長州はジャパンの所属選手であると同時に、社長でもあった。

常識的に考えて、社長が会社を放り出すとは思えないし、ジャパンは新日本の体制に嫌気が差して立ち上げた団体なのに、そこに戻るとは思えなかった。

結局、この滞在時に長州本人と会って直接話をすることはできず、俺は半信半疑のまま日本を離れた。しばらく日本に戻ってくることはないだろう。俺はフロリダの自宅に寄ってから、ニューヨークを目指した。

すでにビンス・マクマホン・シニアは亡くなっており、この時期のWWFは息子ビンス・マクマホン・ジュニアに実権が移っていた。マクマホン・ジュニアはプロレス界の独占化を目指し、その結果、WWFは現在のように世界規模の団体になるのだが、俺が入った時点ではまだ全米各地のプロモーションを潰そうと興行戦争を仕掛けている段階だった。

この2度目のWWF入りで、俺はハルク・ホーガンとの抗争が組まれた。映画『ロッキー3』に出演したことで人気に火がついたホーガンは、マクマホン・ジュニアに引っ張られてWWF世界ヘビー級チャンピオンとなり、最初のピークを迎えていたと言っていい。俺が渡米する直前には、ビッグイベント『レッスルマニアⅢ』でアンドレ・ザ・ジャイアントと戦い、9万3000人の観客を熱狂させている。これは当時のインドアスポーツの最高動員記録だった。

つまり、俺は人気絶頂のスーパーヒーローの「相手役」に指名されたというわけだ。俺とホーガンのカードは東部だけでなく、ミネソタ州、ネブラスカ州、インディアナ州、カリフォルニア州など全米各地で組まれ、1万5000人から2万人規模の会場を常に満員にしていた。3人の子供と女房を食わせなければいけないから、俺も必死だった。

ホーガンという男は、天性のスター性を持っている。フロリダで初めて出会った頃は胸毛がボーボーだったが、見映えを考えて全部剃ったのだろう。

腕に関しては、その頃から驚くほど太かった。昼間はボディビルで身体を鍛え、夜はミュージシャン。それが当時のホーガンの生活だった。昔から彼は袖を短く切った服をよく着ており、自分の腕の太さを強調するファッションを好んでいた。

俺が彼をプロレスに誘った話は、前に書いた。会場によく顔を出していたホーガンに「プロレスをやれば、週に2万ドルは稼げるぞ」と教えてやると、彼は「そんなに稼げるのか!?」と目を丸くしていた。ホーガンにプロレスの基礎を直接教えたのはヒロ・マツダさんだが、それから10年後、彼は押しも押されぬスーパースターとなり、稼ぐギャラは週2万ドルどころではなくなっていた。

しかし、ホーガンはまったく天狗になっていなかった。何度も書いているように、プロレス界では持ち上げられて、すぐに天狗になるようなレスラーは必ずどこかで失敗する。繰り返すが、プロレスでは実力だけではなく、人間性も重要なのだ。

彼のことを「木偶の坊」と評する選手もいるようだ。俺から言わせれば、客を呼べるのが一流レスラーの条件のひとつである。レスラーの間で素晴らしい選手だと言われていても、そいつが上に行って客を呼べなかったら、二流でしかない。ホーガンは確かにレスリング自体は巧くはないが、下手というほどでもなく、要は普通レベルだ。

耳に手を当てて声援を求めたり、いかにもアメリカンなパフォーマンスは、彼のキャラクターにもファンのニーズにも合っていた。たまにホーガンが試合中に予想外の動きをして戸惑うこともあったが、さすがに「木偶の坊」は言いすぎだろう。

一方、俺はというと、名前はキラー・カーンのままだが、時代の流れやWWFの方針に合わせてルックスやスタイルを多少変化させた。

2度目のWWE入りでハルク・ホーガンと戦った時の写真も店に飾ってある。この時期の俺は「裸足」になるなどマイナーチェンジしたが、「必殺技」だけは最後まで変わらなかった。

まずは髪の毛だが、弁髪はかつてアンドレと抗争している時に引っ張られてプチプチ抜けてしまい、最後は編めなくなってしまった。そこでマクマホン・シニアに坊主にしてもいいという許可を取り、それ以降はスキンヘッドか坊主で通してきた。

しかし、再びWWFに入るにあたって、怪しさを醸し出すために後頭部の髪の毛だけを少し伸ばした。こうすれば、アイアン・シークのような単なるスキンヘッドのレスラーとの違いも出せる。

俺のマネージャーには、日系のミスター・フジが付いた。フジは以前からWWFに定着していて、マサ斎藤さんとタッグ王座に就いたこともある。戸口さんは「フジはハワイのマフィアだった」と言っていたが、その真偽はわからない。

フジはハワイ出身の日系人として、アメリカマットで長く活躍したレスラーだ。そんなことも影響してか、俺はモンゴル人という設定は変わらなかったものの、下駄を履いて入場するなど「日本」を強調する演出も付け加えられた。

さらに試合前には裸足で四股を踏むパフォーマンスを披露し、フジは俺を紹介する時に「この男は日本の相撲の元グランドチャンピオン（横綱）だ」と言っていた。こうした設定は、基本的にWWFのオフィスが決めたものだ。

この時代、俺は初めてカブキさんばりに毒霧を吹くという経験もした。

基本はホーガンに向けて放つのだが、レフェリーに誤爆する場合もあるし、手で防がれて逆に顔に塗られたこともあった。俺は凶器否定派だが、会社の命令だから、こういう場合は自分も楽しんでやるしかない。

ここでWWFの闇と言われるステロイド問題にも少し触れておきたい。後にWWFは会社ぐるみのステロイド使用疑惑で大きく揺れるが、アメリカでは少しでも見映えを良くするためにステロイドに手を出すレスラーが昔から少なくなかった。

もちろん、俺自身はそんなものに手を染めたことはない。俺の大きな身体は、練習と食事でナチュラルに創り上げたものだ。誤解のないように言っておくが、WWFにいたレスラーの全員がステロイドを服用していたわけではない。少なくとも、俺とアンジェロ・モスカはやっていなかったと断言できる。

ＷＷＦにいる時、「○○は使っている」という類の噂話は嫌でも耳に入ってきた。マクマホン・ジュニアの時代になってから試合がケーブルテレビで全米に放映されるようになり、「見映え」はより重要な要素になっていたため、「ステロイドで身体を創ることも仕事の一部だ」という風潮があったことは否定できない。

バックステージで「一回、打ってみたらいいじゃないか」と誘ってくるレスラーがいたことも確かだ。しかし、俺は肉体美を売りにするようなキャラクターでもないし、ステロイドは値段も高く、内臓を壊す危険性があることも知っていたから、最後まで手を出さなかった。

通常では考えられない部位に筋肉が付いていて、「ウェイトの練習だけで、そんな身体にはならないだろ！」とツッコミたくなるレスラーは当時から何人もいたし、引退した後にテレビで見かけたこともある。

あの当時、ＷＷＦでステロイドを打っていたレスラーの多くは後遺症で苦しんでいると聞く。新日本プロレスにも来ていたデイビーボーイ・スミスなどは、若くして命を落としてしまった。カルガリーで抗争したダイナマイト・キッドも車椅子生活を送っているという。かつてのレスラー仲間のそんな話を聞くと、憂鬱になる。俺にはどうすることもできないが、今のレスラーはこうした過去の不幸な出来事を教訓にして、同じ過ちを繰り返さないでほしい。

このＷＷＦを取り仕切っていたビンス・マクマホン・ジュニアというプロモーターについても、

俺なりの意見を述べてみたい。

彼は「ここだ！」と判断した時は惜しみなく金を使うタイプの人間だ。それを「金に物を言わせている」と取る人もいるかもしれない。

だが、彼は先を見て金を使っている。要は先見の明があって、その読みを外さなかったから、全米各地での興行戦争に勝利し、最終的に世界を手中に収めることができたのだ。

俺は北米で比較的大きなテリトリーを回ったから経験はないのだが、かつて小さいテリトリーではギャラのダンピングや未払いなどの問題が多発していた。それを考えれば、マクマホン・ジュニアは非常に金払いがいい。それゆえ、有能な選手が集まってくる。

彼がドナルド・トランプ大統領と仲がいいのも、大金を献金するからだ。今、WWEにいる選手も頑張りに見合った金がガンガン入ってくるから、試合をしていても張り合いがあるだろう。

その一方、誰もが指摘するように、マクマホン・ジュニアがWWFを運営するようになってから、リング上の風景が以前とは変わってしまった。彼は、映画俳優や歌手をリングに上げるなどエンターテインメント性を強調するプロレスを始めた。俺自身は、この方針はあまり好きではない。

日本でも新日本プロレスの後輩の高田延彦が似たようなことをやった。狂言師や林家三平さんの娘をリングに上げてプロレスの試合をさせたと知った時は、「高田の野郎！」と腹が立ったし、「プロレスをダメにするのは高田だな…」と悲しくなった。

プロレスをよく知らない人間から見れば、リングに上がるタレントと日本人なのにモンゴル人の格好をしているキラー・カーンは同じようなものに見えるかもしれない。

しかし、俺は一からプロレスを学び、鍛練と工夫を積み重ね、実績をひとつひとつ積み上げて、最終的にトップを取ったという自分なりのプライドを持っている。本格的な練習をしていない人間をリングに上げ、結局プロレスの世界を離れてタレントの真似事をしている髙田の姿をテレビで見かけると、やるせない気持ちになる。

もし小鉄さんが生きていたなら、髙田をぶん殴っていたはずだ。何事も時代に合わせて変わっていかなければいけないということは、俺も理解している。しかし、素人をリングに上げて、レスラーに勝たせたらプロレスは終わりだ。俺の考えでは、その先はない。

俺の店にプロレスラーを名乗る人間が来ることもあるが、背格好が一般人と同じだから、言われるまで気付かないことが多い。いざ話をしてみると、「スクワットですか？　1000回なんてできません。せいぜい、できて200回ぐらいです」などと平気で口にする。

そんな言葉を聞くと、俺は何のために代官山や野毛の道場で血を吐くような練習をしてきたのかわからなくなる。それが時代の流れなのかもしれない。だが、俺はプロレスがそういう方向に流れて欲しくない。

お客さんの楽しみ方も変わったようだ。俺が現役の頃は真剣な目付きで試合を観ていたが、今は笑いながら観ているという。これも悲しいとしか言いようがない。

話は逸れたが、プロレスに関して俺とマクマホン・ジュニアの考えは違う。ただし、彼が会場に満員の客を入れ、売上げをレスラーたちに還元していることは大いに評価する。好き嫌いは別として、彼が稀代の名プロモーターであることは、もはや誰も否定できないだろう。

第28章　リングを降りた俺は、「長州を殺す」と決意した

話を87年に戻そう。俺とハルク・ホーガンの抗争は7月に始まり、延々と続いた。これは以前と違って東部だけでなく、全米を回らなければならないので長く続けられたという利点もある。

「この調子でやっていけば、あと1年はこの組み合わせで食っていけるんじゃないか」

そんなことを考えていた時、日本からある情報が入った。

長州が新日本プロレスに復帰したことは、日本の友人から送られてきたプロレス雑誌で知った。

「長州は一体どうしちゃったんだ？　ジャパンを辞めなきゃいけない深い事情でもあったのかな……」

呑気にそう思っていた俺が馬鹿だった。

ある日、久々にタイガー服部さんと電話で話す機会があった。服部さんも長州と一緒に新日本に戻ったという。そこで俺は水面下で行われていたことの詳細を知り、腰を抜かした。

長州が新日本の事務所に呼ばれて猪木さんや坂口さんと秘密裏に会っていたこと、猪木さんが地方まで来て巡業中の長州と接触していたこと、谷津たちが反対しても長州は聞き入れず新日本に戻ったこと、長州が新日本から多額の金を受け取ったこと――。

最初は頭の中で整理がつかなかった。そこで何人かのジャパンの関係者に電話を入れると、服部

さんの話はすべて事実だった。

しかも、長州は水面下で新日本から誘いの声がかかると、全日本の試合を無断でボイコットしたという。ジャパンは確かに完全独立を目指していたが、馬場さんの協力がなかったら成り立たない団体だった。お世話になっていた馬場さんに対し、試合に穴を空けるという形で裏切るとは、どういう了見なのか。

さらに日本テレビとの契約を無視して新日本の会場に行くなど、トラブルを起こしまくったという。

「長州の野郎、ふざけやがって！　お前は金をもらえれば、何でもするのか！」

俺は長州への怒りを抑えられず、すぐさま日本に帰って、ぶん殴ってやりたかった。

「俺はこんな奴を信用していたのか…」

これを最後の団体にする——。みんなでそう誓って、ジャパンプロレスを立ち上げたはずだ。しかも、その言葉を最初に言い出したのは長州だった。その張本人が金に釣られて新日本に戻ったのだ。ジャパンを離れて自分でまた新団体を立ち上げるというのなら、まだ話はわかる。プロだから、時には金で動くこともあるだろう。

しかし、ジャパンは新日本の体制に愛想をつかし、みんなですべてがガラス張りの会社を立ち上げるという目的で始めたのではなかったか。しかも、その新日本に裏で大金を積まれて仲間を裏切るとは、どういう神経をしているのか。

俺はすべてに嫌気が差した。プロレスそのものが嫌いになりそうだった。

「もうプロレスを辞めよう。あんな奴と同じ商売をしているのは、ウンザリだ」

だが、WWFのスケジュールがまだ残っている。それをボイコットして試合に穴を空けたら、長州と同罪だ。WWFに迷惑をかけるわけにはいかない。きちんとスケジュールを消化して、プロレス界からスッパリ身を引こう。

この話をすると、「小沢さん、怒るのはわかるけど、そんなことでプロレスを辞めなくても…」と不思議がる人がいる。だが、俺は我慢ならなかった。この仕事をしている限り、俺を長州と同じような人間だと誤解する人も出てくるだろう。こんな恥さらしとは、死んでも一緒にされたくない。

引退する覚悟を決めた俺は、すぐにそのことを女房に伝えた。当然、彼女は驚いて理由を聞いてきたが、俺が説明しても納得が行かないようだった。家計を預かる女房からすれば、これは大問題である。いきなり収入が絶たれるわけだから強硬に反対してきたが、俺の心はすでにプロレスから離れていた。

WWFにも、あらかじめ言っておかなければいけない。俺はどこかの会場のバックステージで、マクマホン・ジュニアに引退する旨を伝えた。

「辞める⁉ カーン、何かのトラブルか？　お前は、どんなトラブルに巻き込まれてるんだ？　日本での話か？　それともアメリカか？　俺がどんな問題でも解決してやるから、とにかく早まるな。今、お前に辞められたら困るんだ」

予想通り、マクマホン・ジュニアも慌てていた。実際にWWFのレスラーの中には、プライベートでのトラブルをマクマホン・ジュニアに解決してもらった人間もいる。だが、俺の場合は続けていく気力がなくなってしまったという理由だから、いかに豊富な人脈を持つ彼でも打つ手はない。

マクマホン・ジュニアは俺を説得しようと、今後のスケジュール表も見せてきた。どの会場でも、上の方に俺の名前があった。

「WWFには、お前が必要なんだ」

マクマホン・ジュニアはそう言ってくれたが、それでも俺の気持ちは変わらなかった。

ある日の試合前、ホーガンが俺の控室に来てくれたこともある。ファンの目を逃れるためにベビーフェース側の控室から顔を隠して車の後部座席に乗り、ヒール側の控室まで来てくれたのだ。

「カーン、辞めるな！　考え直せ！」

ホーガンは、同じ言葉を何度も繰り返した。あまりにも熱心な説得に俺の心は少し揺れたが、やはりプロレスを続けていく気にはなれなかった。

常識的に考えれば、このタイミングでプロレスを辞めるという選択は有り得ない。ホーガンとの抗争は好調で、どの会場も満員だったし、飽きられるまでやらなければ損だ。このまま続けていれば、金持ちになれるチャンスもあるのに、それを自ら捨てるとは馬鹿げているとしか思えないだろう。

ホーガンとの抗争が一旦終わっても、WWFにいれば、いくらでもチャンスがある。3人の子供を養育していくことを考えると、あと数年は現役を続けるべきだったかもしれない。今なら、そんな冷静な分析もできる。

しかし、あの時はもう辞めることしか考えられなかった。プロレスラーでいることが、つくづく嫌になったのだ。

87年11月15日、ネバダ州リノで俺はホーガンのベルトに挑戦している。これが彼との最後の対戦となった。その後、暮れの押し迫った時期にニュージャージーでやったジョージ・スティール戦が現役最後の試合だったと記憶している。

会場を出ると、俺はホテルに泊まり、翌日に飛行機で自宅のあるフロリダに帰った。そして、日本に戻る準備を始めた。

この時点でも、女房は俺がプロレスを辞めることに反対していた。それと同時に、日本に一緒に行くことも拒んだ。確かに再び言葉の通じない土地で、孤独な日々を過ごすのはまっぴらだろう。だが、もうすでに俺はプロレスラーではない。以前より一緒にいてやれる時間を作れるはずだ。

俺は女房に後から子供を連れて日本に来るように告げ、とりあえずフロリダを発った。何か次の仕事のあてがあった訳ではない。俺がプロレス以外の手段で生きていくとしたら、やはりアメリカよりも日本の方が稼げるのではないか。そういう結論に至っただけだ。日本に戻った俺は、ひとまず新宿区中落合にある弟のアパートに転がり込んだ。

日本に来ても、俺の頭の中では長州に対する怒りが渦巻いていた。あいつは、どうして仲間を平気で裏切れるのか。新日本が嫌になって、ジャパンプロレスを創ったんじゃないのか。あいつを信じた俺が悪いのか。

プロレスの世界から足を洗ったことは後悔していない。俺は俺なりに第二の人生を歩んでいけばいい。だが、長州のことだけは絶対に許せなかった。

「落とし前をつけなければ…」

日に日に怒りは増幅し、もはや他のことは考えられなくなっていた。この時、俺はどんな顔をしていたのだろう。

気が付けば、俺の足は築地に向かっていた。そこで新品の包丁を購入した。大好きな料理をするためではない。長州を殺すためだ。

「あの野郎、ぶっ殺してやる…」

ジャパンプロレスを立ち上げた時は、同じ夢を見ていたはずだった。だが、それは俺の錯覚にすぎなかった。

それから何日後のことだろう。怒りに打ち震えながら、包丁を片手にどうやって長州を殺そうかと思案していた時、何気なくテーブルに視線を落とすと、フロリダに置いてきた子供たちの写真が目に入った。その瞬間、我に返った。

「何をしているんだ、俺は…」

俺がここで人殺しになったら、子供たちの人生も台無しだ。俺が刑務所に入れられたら、あの子たちの養育費は誰が稼ぐのか。

そもそも長州は俺が手を汚すほどの人間でもない。ああいう人間は、いつか自滅するだろう。そう気付いたら、すべてが阿呆らしくなった。今にして思えば、あの時に馬鹿な行動に出なくて本当に良かったと思っている。

そういえば、あの包丁はどうなったのだろうか。そのままアパートの台所に置いておいたから、弟が引っ越しした時、一緒に持って行ったのかもしれない。

あとがき

　アメリカから日本に戻って来たはいいものの、プロレスに関わるつもりはなかったし、この先はどうしようかと迷っていた時、友人から電話が来た。

「長野の上山田温泉で大きなスナックをやっている友達がいるんだけど、手伝ってくれないか？」

　収入のなかった俺は、即座にこの話を引き受けた。すぐさま長野県に向かい、そのスナックを「キラー・カーンの店」ということにして俺が接客を始めたら、お客さんが殺到するようになった。ちょうどカラオケが流行り出した頃だった。

「面白いな。こういう生き方もあるのか」

　しかし、雇われ店主ではそれほど実入りがない。そこで自分で店を始めることにした。

　アメリカで稼いだ金は女房にすべて預けてきたから、手持ちはほとんどない。そこで何とか友人・知人から金を借りまくり、西武新宿線の中井駅の近くで店を始めた。それが歌手の尾崎豊さんが常連だったことでも知られる『スナック　カンちゃん』だ。

　ここから、俺の第二の人生がスタートする。スナックはすぐに軌道に乗ったが、女房と子供たちが日本に来ることはなかった。以来、ずっと別居状態が続いている。これもまた人生だ。

　この店をやっている頃、天龍選手から連絡が来た。

「小沢さん、新しく団体をやることになったんで、上がってもらえませんか?」

ここまで読んでもらえばわかるように、俺は特に引退宣言もしていないし、引退試合も引退セレモニーもしていない。しかし、復帰するつもりはまったくなかった。

「天龍関、練習もしていないし、もうプロレスは無理だよ」

俺はそう言って断ったのだが、話の流れから天龍選手の自宅へ行って酒を酌み交わすことになった。

ビールを飲みながら久々の再会を祝していると、再び復帰の話になった。天龍選手の説明によると、メガネスーパーがスポンサーになって、新しいプロレス団体を創るという。しかも、金額的にかなりいい条件を提示された。俺が思っていた以上に、スケールの大きな話だった。

「小沢さん、若い奴らが育つまででもいいです。協力してくれませんか?」

だが、俺はプロレスの世界に戻る気はないとキッパリ伝えた。

ギャラが良いからといって、リングから気持ちが離れた人間が簡単にカムバックしたら、お客さんに対して失礼だ。練習もしていなかったから、もはや身体もプロレスラーのそれではない。金のためにそんな身体でリングに上がったら、現役時代の自分を汚すことになる。

逆に言えば、そうした無様な姿を見せなかったからこそ、現役時代のキラー・カーンのイメージを抱いたまま、多くのお客さんが店に来てくれるのかもしれない。これが俺の生き方なのだ。

中井でスナックを始めて1年ぐらい経った頃には、近くにあった居酒屋が閉店するというので、そこを借りて2軒を同時にやることになった。

現在、俺はJR新大久保駅の近くで『居酒屋カンちゃん』を経営している。はるばる遠方から店を訪れてくれるプロレスファンも多く、本当にありがたいことだ。

その後、歌舞伎町で『居酒屋カンちゃん』を始めた。さらに新宿の十二社で立ち飲み屋も始め、綾瀬の駅前に店を出したこともある。

しかし、こうして何軒も経営していると、「キラー・カーンに会えると思って行ったら、店に本人がいなかった」という苦情が聞こえてくるようになった。確かに言われてみれば、その通りである。

そこで歌舞伎町の店を残して、他の店はすべて閉めた。その後、『居酒屋カンちゃん』は西新宿に移って2年8ヵ月営業したが、2015年になって再び歌舞伎町に引っ越した。

今度の店舗は、雑居ビルの3階だ。店名は『歌謡居酒屋カンちゃん』。酒と料理を楽しみながら、小さなステージでカラオケを歌えるスタイルにモデルチェンジしたのだが、この店は苦戦した。山口組が分裂して抗争を始めたことで歌舞伎町自体の勢いが失われたし、ホストクラブだらけのビルの中で居酒屋を営業するのは無理があった。

飲み屋は、やはり1階にあった方がいい。そこで歌舞伎町の店を閉め、16年9月に現在の場所である新大久保に移って、新たに『居酒屋カンちゃん』を開店した。

ここはJR新大久保駅から近いし、家賃は高いが、人通りが多いことも気に入った。この店では安くて美味しい料理を出し、「若者とサラリーマンの味方です」というキャッチフレーズ通りの経営をして行きたいと考えている。

今年で、俺はちょうど70歳になった。すでに格闘人生よりも、飲み屋のマスターとしての人生の方が長くなってしまった。

現役時代の記憶は、日々薄れていく。だが、時間が経つほど、より鮮明になってくる記憶もあるから不思議なものだ。ドレッシングルームの匂い、ロープの感触、マットに叩きつけられた時の痛み、そして場内に渦巻くブーイングの嵐——。

今回は、そうした記憶の断片を寄せ集め、初めて自分のレスラー人生をまとめてみた。中には、振り返りたくない苦い思い出もあった。しかし、トータルで考えれば、俺は幸せなプロレスラー生活を送れたと思っている。

この本を読んで、あの当時のプロレスを懐かしく感じた人、もっと俺の話を聞いてみたいという人もいるかもしれない。

次は『居酒屋カンちゃん』で会おう。俺はいつでも店で待っている。

キラー・カーン

本名・小澤正志。1947年3月6日、新潟県西蒲原郡吉田町出身。身長195cm、体重140kg。63年2月に大相撲の春日野部屋に入門し、70年3月に廃業。最高位は西幕下56枚目。71年1月に日本プロレスに入門し、同年6月26日、神奈川・鎌倉市大船駅前広場での木戸修戦でデビューした。73年3月に同団体を離脱し、新日本プロレスに移籍。77年12月にメキシコに渡り、テムヒン・エル・モンゴルに変身。79年3月から北米に活動の拠点を移し、キラー・カーンとして各テリトリーで活躍した。84年9月に新日本を離脱し、ジャパンプロレス設立に参加。87年に現役を引退し、以降は飲食業を営んでいる。

G SPIRITS BOOK Vol.6

"蒙古の怪人"キラー・カーン自伝

2017年4月20日　初版第1刷発行

著　者　キラー・カーン
編集人　佐々木賢之
発行人　廣瀬和二
発行所　辰巳出版株式会社
〒160-0022 東京都新宿区新宿2-15-14 辰巳ビル
TEL：03-5360-8064（販売部）
TEL：03-5360-8977（編集部）
印刷・製本　大日本印刷株式会社

装　丁　柿沼みさと
写真提供　原 悦生、バーニングスタッフ
編集協力　清水 勉、中村誠一、小泉悦次

ISBN 978-4-7778-1781-8